D1655907

Naslov originala
ART OF SEDUCTION
Robert Greene

Za izdavača:
Vladimir Manigoda

Urednik:
Danilo Lučić

Prevod:
Konstantin Popović

Lektura i korektura:
Dejan Zakić

Grafičko oblikovanje:
Jelena Lugonja

Štampa:
Kontrast štampa

Tiraž:
500

Izdavač:
Kontrast, Beograd
Klaonička 2, Zemun
e-mail: jakkontrast@gmail.com
kontrastizdavastvo.com
facebook.com/KontrastIzdavastvo
www.glif.rs

UMETNOST zavođenja

ROBERT GRIN

Beograd, 2017.

Uspomeni na mog oca

Zahvalnost

NAJPRE, ŽELEO BIH da se zahvalim Ani Biler za njene bezbrojne doprinose ovoj knjizi: istraživanje, mnogobrojne diskusije, nemerljivu pomoć sa samim tekstom, i na kraju, ali ne manje važno, njeno poznavanje umetnosti zavođenja, kome sam ja bio srećna žrtva u brojnim prilikama.

Moram da se zahvalim i mojoj majci Loret, koja me je konstantno podržavala tokom ovog projekta, i zbog toga što je moj najodaniji obožavalac.

Voleo bih da se zahvalim Ketrin Liozon, koja me je pre nekoliko godina upoznala sa *Les Liaisons Dangereuses* i sa rečju Valmontovom.

Želeo bih da se zahvlaim Dejvidu Frankelu, na njegovom veštom uređivanju i na veoma dragocenim savetima; Mili Stern iz „Viking Pingvina“, na nadgledanju projekta i pomoći u oblikovanju istog; Radi Pančam, na tome što je sve organizovala i bila strpljiva; i Bretu Keliju, na tome što je gurao stvari napred.

Od sveg srca želim da odam počast svom mačku Borisu, koji je trinaest godina nadgledao moje pisanje i koji tako bolno nedostaje. Njegov naslednik Brut se pokazao kao dostojna muza.

Na kraju, hteo bih da se zahvalim svom ocu. Rečima ne mogu iskazati koliko mi nedostaje i u kojoj meri je bio inspiracija za moj rad.

Sadržaj:

im pruža razdragan duh – zato želimo da budemo u njihovoj blizini. Uvlačenje u tuđu kožu, zamišljanje kako je biti ta osoba, pomaže zavodniku da prikupi vredne informacije, da shvati šta će ih naterati da izgube sposobnost racionalnog razmišljanja i da padnu u zamku.

Zavodnici vide sebe kao nekoga ko pruža zadovoljstvo. Kad smo deca, uglavnom se posvećujemo igri i zadovoljstvima. Odrasli se često osećaju kao da su izbačeni iz ovog raja, kao da su sapeti obavezama. Zavodnik zna da ljudi čekaju na zadovoljstvo – oni nikada ne dobijaju dovoljno toga od svojih prijatelja i ljubavnika, a sami sebi ne mogu da ga obezbede. Osobi koja u njihov život unosi avanturu i romantiku ne mogu odoleti.

Zavodnik na život gleda kao na teatar, svako je glumac. Većina ljudi oseća da ima striktne uloge u životu, koje ih čine nesrećnim. Zavodnici, sa druge strane, mogu biti bilo ko i mogu igrati najrazličitije uloge. Njima je zadovoljstvo da nastupaju. Ova njihova sloboda, fluidnost u telu i duhu, jeste ono što ih čini privlačnim.

Umetnost zavođenja je stvorena da vas naoruža oružjem ubeđivanja i šarma, tako da oni oko vas polako gube svoju sposobnost da vam se odupru, bez da znaju kako i zašto se to dogodilo.

Svako zavođenje ima dva elementa koja morate proanalizirati i razumeti: prvo, sebe i ono što vas čini zavodljivim; drugo, ko je vaša meta i kako da probijete njihovu odbranu i naterate ih da se predaju. Obe strane su podjednako važne. Ako pravite strategiju ne obrativši pažnju na delove vašeg karaktera koji privlače ljude, na vas će gledati kao na mehaničkog zavodnika, ljigavog i manipulativnog. Ukoliko se oslonite samo na vašu zavodničku ličnost, bez da obraćate pažnju na druge ljude, načinićete strašne greške i ograničiti svoj potencijal.

Konsekventno, *Umetnost zavođenja* je podeljena na dva dela. Prva polovina, „Zavodnički karakter“, opisuje devet tipova zavodnika. Proučavajući ove tipove, postaćete svesni šta je inherentno zavodljivo u vašem karakteru, što je kamen temeljac bilo kojeg zavođenja. Druga polovina, „Proces zavođenja“, uključuje opis dvadeset i četiri manevra i strategija koje će vas naučiti kako da stvorite magiju, kako da slomite otpor ljudi, da pokrenete vaše zavođenje, i da vašu metu dovedete do predaje.

Jednom kada pristupite ovim stranicama, pustite da vas mame ove ideje, neka vam um bude otvoren, a misli fluidne. Polako ćete shvatiti da sve upijate i na sve ćete početi da gledate kao na zavođenje, uključujući i to kako razmišljate i kako izgledate ostatku sveta.

Više vrline zahteva više zavođenja.
- NATALI BARNI

PRVI DEO

. . . .

Zavodnički karakter

SVI POSEDUJEMO MOĆ ZAVOĐENJA – sposobnost da privučemo ljude i da ih zadržimo u našoj vlasti. Ali daleko od toga da smo svi mi svesni ovog unutrašnjeg potencijala, i umesto toga privlačnost zamišljamo kao skoro mističnu osobinu sa kojom je samo odabrana nekolicina rođena i koju ostali nikada neće steći. Pa ipak, sve što je neophodno da shvatimo naš potencijal jeste da uvidimo šta je to u ličnosti jedne osobe što po prirodi uzbuđuje ljude, kao i da razvijemo ove skrivene kvalitete u nama.

Uspešna zavođenja retko kada počinju očiglednim manevrom ili strategijom. To uvek izaziva sumnjičavost. Uspešna zavođenja počinju vašim karakterom, vašom sposobnošću da emitujete neki kvalitet koji privlači ljude i uzburkava im emocije, tako da je to van njihove kontrole. Hipnotisani vašim zavodničkim karakterom, vaše žrtve neće shvatiti vaše manipulacije. Onda će biti dečija igra da ih zavedete.

Postoji devet tipova zavodnika na svetu. Svaki tip ima određeni karakteristični mamac koji dolazi iz dubine i stvara zavodničku privlačnost. *Sirene* imaju izobilje seksualne energije i znaju kako da je upotrebe. *Plejboji* nezasito obožavaju suprotni pol i njihova požuda je infektivna. *Idealni ljubavnici* imaju esteski senzibilitet koji primenjuju na romantiku. *Dendi* voli da se igra svojom slikom, stvarajući upečatljivu i androginu privlačnost. *Prirodni* su spontani i otvoreni. *Kokete* su samodovoljne, sa fascinantnom smirenošću u svojoj srži. *Šarmeri* žele i znaju kako da zadovolje – oni su društvena stvorenja. *Harizmatični* imaju neočekivano sapomopuzdanje. *Zvezde* su eterične i obavijaju se misterijom.

Poglavlja ovog dela knjige će vas upoznati sa svakim pojedinačnim tipom. Najmanje jedno od poglavlja bi trebalo da vas privuče – prepoznaćete deo sebe. To poglavlje će biti ključno za razvitak vaših moći zavođenja.

Razmišljate o ovih devet tipova kao o senkama, siluetama. Samo zakoračivši u jednu od njih i dopuštajući da izrastu u vama možete početi da razvijate zavodnički karakter koji će vam doneti neograničenu moć.

Sirena

• • • • • •

Čovek je često potlačen ulogom koju mora da igra – uvek mora da bude odgovoran, pod kontrolom, racionalan. Sirena je ultimativna muška fantastična figura, zbog toga što nudi potpuno oslobađanje od ograničenja u životu. U njenom prisustvu, koje je uvek primetno i pod seksualnim nabojem, muškarci osećaju da su prebačeni u svet čistog zadovoljstva. Ona je opasna, i ako krene energetski za njom, muškarac može izgubiti kontrolu nad sobom, što je nešto za čim čezne. Sirena je iluzija; ona mami muškarce tako što neguje određeni izgled i ponašanje. U svetu u kome se žene uglavnom plaše da pokažu takvu sliku o sebi, naučite da preuzmete kontrolu nad muškarčevim libidom tako što ćete otelotvoriti njegove fantazije.

Šarm Kleopatrinog prisustva je bio neodoljiv, i postojala je privlačnost u njenoj ličnosti i govoru, skupa sa čudnom silom njenog karaktera, koji su prožimali svaku njenu reč i delo, i potčinjavali joj svakoga ko je imao bilo kakve veze sa njom. Bilo je očaravajuće samo čuti njen glas, kojim je, poput instrumenta sa mnogo žica, mogla da menja jezik kojim je govorila.

PLUTARH

Ključ karaktera

Sirena je najdrevnija zavoditeljka. Njen prototip je boginja Afrodita – u njenoj je prirodi da poseduje određene mističke kvalitete – ali nemojte mislite da je ona deo prošlosti, ili legende i istorije: ona predstavlja moćnu mušku fantaziju izražene seksualnosti, potpunog samopouzdanja, neodoljiva žena koja nudi beskrajne užitke i malo opasnosti. U današnjem svetu, ova fantazija može da privuče snažnije mušku psihu, jer sada, izraženije nego ikada, on živi u svetu koji ograničava njegov agresivni instinkt time što je sve sigurno i pouzdano, u svetu koji nudi najmanje avanture i rizika ikada. U prošlosti, čovek je mogao da da oduška ovim porivima – rat, nepregledna mora, političke intrige. U oblasti seksualnosti, kurtizane i ljubavnice su praktično predstavljale društvenu instituciju, i nudile su mu raznolikost i traganje za kojim je žudeo. Bez ikakvog oduška, njegovi porivi se okreću na unutra i muče ga, zbog čega postaju još nestabilniji, jer su potiskivani. Ponekad će moćan čovek uraditi najiracionalnije stvari, imaće aferu kada mu najmanje treba, samo zbog uzbuđenja, zbog opasnosti. Iracionalno se može pokazati veoma zavodljivim, čak i više za muškarce, koji uvek moraju biti tako razumni.

Ako je zavodnička moć ono za čim tragate, Sirene su najpotentnije od svih tipova. One operišu najbazičnijim ljudskim emocijama, i ako odigraju svoju ulogu kako treba, mogu da pretvore normalnog, jakog i odgovornog muškarca u detinjastog roba.

Prvo i najvažnije, Sirena mora da bude raspoznatljiva među drugim ženama. Ona je po svojoj prirodi retkost, mitska stvar, jedna jedinstvena; ona je takođe i vredna nagrada za koju se treba rvati s drugim muškarcima. Ovde fizičko pruža najbolje mogućnosti, pošto su Sirene pre svega neverovatne kao prizor. Uz prisustvo izražene ženstvenosti i seksualnosti, čak i do nivoa karikaturalnosti, one će vas jako brzo izdvojiti, pošto većini žena fali samopouzdanja da projektuju takvu sliku o sebi.

Jednom kada se Sirena izdvojila od ostalih, ona mora posedovati druge dve kritične osobine: sposobnost da natera muškarca da tako grozničavo jurca za njom da potpuno izgubi kontrolu; i dašak opasnosti. Opasnost je začuđujuće zavodljiva. Naterati muškarca da vas juri je relativno lako: izraženija seksualnost će ovo veoma lako obaviti. Ali ne smete da ličite na kurtizanu ili kurvu, koju će muškarac progoniti a onda brzo izgubiti interesovanje za nju. Umesto toga, blago ste udaljeni i nestalni, živa fantazija. Ovi kvaliteti će muškarca naterati da vas mahnito juri, a što vas više juri, više će imati utisak da dela svojom sopstvenom inicijativom.

Lako je istaći taj element opasnosti, a on će pojačati druge karakteristike Sirene koje imate. Sirene su veoma često potpuno iracionalne, što je strahovito privlačno ljudima koji su pod opresijom sopstvene racionalnosti. Taj dašak opasnosti je takođe krucijalan: on stvara poštovanje, drži muškarca na odgovarajućoj dis-

Tvoj sledeći susret će se odigrati sa Sirenama, koje zamađijaju svakoga ko im priđe. Jer Sirene muzikom svog pevanja bacaju na njega čini, dok sede na visokoj poljani od nagomilanih, trulećih kostiju muškaraca, čije usahle kože još vise sa njihovih kostiju.

ODISEJA, KNJIGA XII

tanci, tako da ne može da vam se dovoljno približi da vas prozre. Stvorite takav strah tako što ćete naglo menjati raspoloženja, izbacujući time muškarca iz ravnoteže, povremeno ga zastrašujući kapricioznim ponašanjem.

Najbitniji element u ambiciji da se postane Sirena jeste fizički, Sirenin glavni instrument moći. Fizički kvaliteti – miris, izražena ženstvenost pobuđena šminkom ili zavodljivom odećom – još jače deluju na muškarce zato što nemaju nikakvo značenje. Svojom neposrednošću oni premošćavaju racionalne procese, imajući isti efekat koji i mamac ima na ribe, ili mahanje crvenim plaštom pred bikom. Odgovarajuća Sirenina pojavnost se često menja sa fizičkom lepotom, naročito sa licem. Ali lepo lice ne čini Sirenu: umesto toga ono stvari previše distanciranosti i hladnoće. Sirena mora da stimuliše generalnu požudu, a najbolji način da to učini jeste da stvori utisak koji je istovremeno zbunjujuć i privlačan. To nije jedna konkretna stvar, nego kombinacija kvaliteta:

Glas. Očigledno veoma bitan kvalitet, kao što nam i legenda kazuje, Sirenin glas izaziva direktno animalno prisustvo sa neverovatno sugestivnom moći. Sirene moraju imati insinuirajući glas koji nagoveštava erotičnost, više subliminalno nego otvoreno. Sirena nikada ne govori brzo, agresivno, ili povišenim tonom. Njen glas je smiren i staložen, kao da se zapravo nije do kraja razbudila, niti ustala iz kreveta.

Telo i ukrasi. Ako glas uljuljkava, telo i ukrasi moraju da ošamućuju. Upravo svojom odećom, Sirene stvaraju efekat boginje.

Ključ: sve mora da zasenjuje, ali mora da bude i harmonično, tako da nijedan pojedinačan ornament ne privlači pažnju. Vaša pojava mora biti intenzivna, „veća od života", ostvarenje fantazije. Ornamenti se koriste da bi bacali čini i zbunjivali. Sirena može takođe koristiti odeću da bi nagovestila seksualnost, povremeno ističući je, ali češće sugerišući pre nego vrišteći – što će vas učiniti manipulativnim. U vezi sa ovim je i primedba o selektivnoj otvorenosti, otkrivanju samo jednog dela tela – ali delu koji će uzbuditi i izburkati imaginaciju.

Maniri i ponašanje. Sirena se kreće graciozno i staloženo. Odgovarajući gestovi, pokreti i ponašanje za Sirenu su važni kao i glas: oni nagoveštavaju nešto uzbudljivo, uzbuđuju maštu bez da su očigledni. Vaš vazduh mora biti lagan, kao da ste imali sve vreme sveta za ljubav i zadovoljstvo. Vaši gestovi moraju biti do određene mere dvosmisleni, sugerišući nešto što je istovremeno i nevino i erotično, perverzno zadovoljavajuća mešavina ta dva. Dok jedan deo vas izgleda kao da urla seks, drugi deo je naivan i stidljiv, kao da ste nesposobni da shvatite efekat koji izazivate.

Simbol: Voda. Pesma Sirena je likvidna i omamljujuća, a sirena je i sama fluidna i neuhvatljiva. Poput mora, Sirena vas mami obećanjima o beskonačnim avanturama i zadovoljstvima. Zaboravljajući na prošlost i budućnost, ljudi je prate na otvoreno more, gde se dave.

Plejboj

• • • • • •

Nikad se žena ne oseća dovoljno poželjno i cenjeno. Ona želi pažnju, ali muškarac je prečesto dekoncentrisan i ne reaguje. Plejboj je velika ženska fantazija, kada on poželi ženu, ma koliko kratak taj momenat bio, on će za nju otići na kraj sveta. Može biti i neveran, neiskren, nemoralan, ali to samo doprinosi njegovoj pojavi. Za razliku od normalnog, opreznog muškarca, Plejboj je tako predivno neobuzdan, rob svoje ljubavi prema ženi. Tu postoji i taj dodatni mamac njegove reputacije: toliko žena mu se potčinilo, mora da postoji razlog za to. Reči su ženska slabost, a Plejboj je majstor jezika zavođenja. Uskovitlajte ženine potisnute žudnje time što ćete ovladati Plejbojevom mešavinom opasnosti i zadovoljstva.

Ali kojom to, onda, silom Don Žuan zavodi? To je požuda, energija senzualne požude. On u svakoj ženi žudi za svim ženama na svetu. Reakcija na ovu ogromnu strast ulepšava i razvija one za kojima se žudi. I dok se plamen entuzijaste, sa zavodničkim sjajem koji osvetljava čak i one koji stoje u uzgrednom odnosu sa njim, dotle Don Žuan preobražava svaku devojku u mnogo dubljem smislu.

SEREN KJERKEGOR

Ključ karaktera

Na prvi pogled, može se činiti čudnim da čovek koji je očigledno nepošten, nelojalan i ne pokazuje nikakav interes za brak može biti privlačan ženama. Ali tokom istorije, u svim kulturama, ovaj tip je uvek izazivao fatalne efekte. Ono što Plejboj nudi je ono što društvo normalno ne dozvoljava ženama: aferu od čistog uživanja, uzbudljiv susret sa opasnošću. Žena je često ugnjetavana ulogom za koju se očekuje od nje da je igra. Ona bi trebalo da bude nežna, civilizovana sila društva, da želi privrženost i odanost celog života. Ali jako često, njen brak i veze joj ne pružaju romantiku i posvećenost, nego rutinu i beskrajno dekoncentrisanog partnera. Neprestana ženska fantazija ostaje da upozna čoveka koji će se totalno prepustiti, živeti za nju, čak i na kratko.

Kako biste odglumeli plejboja, najpre vam treba sposobnost da se potpuno prepustite, da uvučete ženu u neku vrstu čistog senzualnog trenutka u kojem prošlost i budućnost gube značaj. Intenzivna požuda utiče dekoncentrišuće na žene, kao što Sirenino fizičko prisustvo utiče na muškarca. Žene su često defanzivne i mogu da osete neiskrenost ili kalkulisanje. Ali ako oseti da je obuzeta vašom pažnjom, i ubeđena da ćete učiniti bilo šta za nju, neće primećivati ništa drugo osim vas, ili će naći načina da oprosti vašim indiskretnostima. Ključ je u tome da ne smete pokazati nikakvo oklevanje, da odbacite sve zadrške, da pokažete da ne možete da se iskontrolišete. Ne brinite se oko toga da li ćete izazvati nepoverenje; doklegod ste rob njenog šarma, ona neće misliti na posledice.

Plejboja nikada ne brine žensko odbijanje, ili kad smo već kod toga, ne brine ga nijedna prepreka na putu – muž, fizička barijera. Otpor je samo varnica za njegovu požudu, koja je samo jače raspaljuje. Zapamtite, ukoliko se ne suočavate ni sa kakvim preprekama ili otporom, morate da ih stvorite. Nema tog zavođenja koje se može odigrati bez njih.

U vezi sa Plejbojevim ekstremizmom stoji osećanje opasnosti, tabua, možda čak i dašak okrutnosti. Kao što muškarac može postati žrtva Sirene zbog njegove želje da se oslobodi svojih maskulinih odgovornosti, žena se može prepustiti Plejboju zbog njene želje da se oslobodi stega vrlina i pristojnosti. Zaista, veoma često najplemenitije žene jesu te koje najdublje zavole Plejboja. Kao i muškarci, žene ozbiljno privlači zabranjeno, opasno, čak i pomalo zlo. Ne gubite iz vida: ako želite da igrate Plejboja, morate emitovati osećaj rizika i tame, sugerišući time vašoj žrtvi da učestvuje u nečemu što je retko i uzbudljivo.

Među Plejbojevim najzavodljivijim kvalitetima jeste njegova sposobnost da natera žene da se menjaju zbog njega. Morate da istražite ovu mogućnost do kraja. Kada vas uhvate u plejbojevštini, izvlačite se na vašu slabost – vašu želju da se promenite, i nesposobnost da to uradite. Kada vam je toliko žena pod nogama, šta možete drugo da učinite? Vi ste zapravo žrtva. Treba vam pomoć. Žene će skočiti da ugrabe ovu mogućnost; one su nesmotreno popustljive prema Plejboju, zbog toga što je toliko zgodan i poželjan. Potreba da ga menjaju prikriva pravu prirodu njihove požude za tajnim uzbuđenjem koje dobijaju od njega.

Svaki pol poseduje slabosti. Muškac je tradicionalno slab na vizuelno. Žene su slabe na jezik i reči. Plejboj mora biti promiskuitetan sa rečima kao što je sa ženama. On bira reči prema njihovoj sposobnosti da sugerišu, insinuiraju, hipnotizuju, uzdižu, inficiraju. Plejbojeva upotreba reči nije smišljena tako da komuniciraju ili iskažu informaciju, nego da ubede, laskaju, uzburkaju emotivno. Zapamtite: forma je važna, ne sadržaj. Dodajte vašim rečima duhovni, književni prizvuk kako bi bolje insinuirale požudu.

Najzad, Plejbojev najbolji ukras je njegova reputacija. Nemojte nikad odbacivati lošu reputaciju, ili se izvinjavati zbog nje. Umesto toga, prihvatite je, pojačajte. To je ono što će privući žene. Ne prepuštajte vašu reputaciju slučaju ili traču; to je vaša životna umetnost, i morate je oblikovati, čuvati i prikazivati sa pažnjom umetnika.

Simbol: Vatra. Plejboj gori od želje koja pobuđuje žene koje zavodi. Ekstremna je, nekontrolisana i opasna. Plejboj će možda završiti u paklu, ali plamen koji ga okružuje često čini da ga žene još više žele.

Idealni ljubavnik

Većina ljudi ima mladalačke snove koji se rasplinu ili istroše sa godinama. Razočaraju ih ljudi, događaji, stvarnost, koji ne mogu da doskoče njihovim mladalačkim idealima. Idealni ljubavnici koriste slomljene snove ljudi, koji postaju fanzatije tokom celog života. Čeznete za romantikom? Avanturom? Uzvišenom duhovnom komunikacijom? Idealni ljubavnik reflektuje tu vašu fantaziju. On ili ona je umetnik u stvaranju iluzije koju tražite, idealizujući vaš lik. U svetu bez magije i običnosti postoji neograničena moć zavođenja u hodanju stazom Idealnog ljubavnika.

Dobar ljubavnik će se ponašati elegantno u svitanje, kao i u bilo koje drugo doba dana. On se iz kreveta izvlači sa užasom na licu. Dama ga požuruje: "Hajde, dragi prijatelju, razdanjuje se. Ne želimo da te iko zatekne ovde." On duboko izdahne, kao da želi da kaže da noć nije bila dovoljno duga i da je u agoniji jer mora otići. Kada ustane, ne navlači pantalone istog trenutka. Umesto toga, on prilazi dani i šapuće joj na uho šta god da je ostalo neizrečeno prethodne noći. Sada on podiže žaluzine, i dvoje ljubavnika stoji skupa pored sporednih vrata, dok joj on govori kako ga užasava nadolazeći dan, koji će ih razdvojiti; i zatim se iskrade.

Ključ karaktera

Svako od nas u sebi nosi neki ideal, bilo onoga što želimo da postanemo, ili onoga što želimo od druge osobe da nam predstavlja. Ovaj ideal započinje u našim najranijim godinama – od onoga što smo jednom osetili da nam nedostaje u životima, što nam drugi nisu pružili, što nismo uspeli da pružimo sebi. Možda smo bili uljuljkani, a žudimo za opasnošću i buntovništvom. Ukoliko želimo opasnost, ali nas ona plaši, možda tražimo nekoga ko se oseća kao domaći u njoj. Ili je naš ideal uzvišeniji – želimo da budemo kreativniji, plemenitiji i ljubazniji nego što uspevamo. Naš ideal je nešto što osećamo da nam nedostaje.

Naš ideal može biti zakopan u razočaranje, ali on vreba ispod sveta, čekajući svoju varnicu. Ukoliko neka druga osoba izgleda kao da ima taj kvalitet, ili sposobnost da ga izvuče iz nas, mi se zaljubljujemo. Ovo je odgovor na Idealne ljubavnike. Svesni onoga što nedostaje u nama, fantazije koja će nas uzdrmati, oni reflektuju naše ideale – a mi radimo ostalo, projektujući ih na naše najdublje porive i želje.

Idealni ljubavnik je redak u našem savremenom svetu, jer ta uloga zahteva trud. Morate intenzivno da se fokusirate na druge osobe, da dokučite šta joj nedostaje, čime je razočarana. Ljudi će vam ovo najčešće suptilno otkriti. Ignorišite reči vaše mete i svesno ponašanje; fokusirajte se na ton njihovog glasa rumenilo u obrazima ovde, pogled tamo – to su znaci koji odaju ono što ne žele da kažu rečima. Time što ćete se činiti kao otelotvorenje onoga što im nedostaje, vi ćete se uklopiti u njihov ideal.

Da biste ostvarili ovaj efekat, potrebno je strpljenja i pažnje na detalj. Većina ljudi je toliko obuzeta sopstvenim željama, toliko nestrpljiva, da su nesposobni za ulogu Idealnog ljubavnika. Neka to bude izvor beskonačnih mogućnosti. Budite kao oaza u pustinji zaljubljenih u sebe; samo retki mogu da se odupru iskušenju da prate osobu koja se čini svesnom njihovih želja, koja može da ostvari njihove fantazije.

Otelotvorenje Idealnog ljubavnika u 20im godinama XX veka je bio Rudolf Valentino, ili makar slika o njemu koja je stvorena na filmu. Sve što je radio – pokloni, sveće, ples, način na koji je uzimao ženu za ruku – pokazivalo je skrupuloznu pažnju na detalje koji bi ukazivali na to koliko on misli o njoj. Slika je prikazivala čoveka koji se udvarao natenane, pretvarajući ga u estetsko iskustvo. Muškarci su mrzeli Valentina, zato što su tada žene od njih očekivale da doskoči idealu te strpljivosti i pažnje koju je on predstavljao. Pa ipak, ništa nije tako zavodničko kao strpljivo posvećivanje pažnje. Ono čini da ta afera bude uzvišena, estetska, a ne samo o seksu. Moć Valentina, naročito danas, jeste u tome što su takvi ljudi veoma retki. Umetnost ispunjavanja ženskih ideala je skoro nestala – što je upravo čini utoliko privlačnijom.

Ako je galantan ljubavnik ideal za žene, za muškarce je to najčešće madona/kurva, žena

Dama ga gleda dok odlazi, i ovaj trenutak rastanka će ostati jedna od najlepših njenih uspomena. Zaista, veza sa muškarcem u mnogome zavisi od elegantnosti njegovog odlaska. Jer kada iskoči iz kreveta, jurca po sobi, steže pojas njegovih pantalona, zavrće rukave... trpa svoje lične predmete u džepove odežde i onda hitro steže pojas - kako da ne počneš da ga mrziš.

ZAPISI PRED SAN, SEI ŠONAGON

Svih ovih vekova, žene su služile kao magične kugle, neko ko poseduje magiju i očaravajuću moć da odraz čoveka prikažu duplo većim nego što je u prirodi.

VIRDŽINIJA VULF

koja kombinuje senzualnost sa duhovnošću ili nevinošću. Ključ je u dvosmislenosti – kombinovati izgled osetljivosti sa zadovoljstvima tela i daškom nevinosti, spiritualnosti, poetske senzibilnosti. Ova mešavina uzvišenog i niskog je neverovatno zavodljiva.

Ako su Idealni ljubavnici majstori zavođenja time što utiču na ono najbolje u ljudima, na ono što su izgubili nakon detinjstva, političari mogu da imaju benefite od ovoga tako što će ga primeniti na širokom spektru glasačkog tela. To je ono što je Džon F. Kenedi veoma namerno uradio sa američkom javnošću, očigledno tendenciozno stvarajući auru „Kamelota" oko sebe. Reč „Kamelot" se koristila za njegov predsednički termin tek nakon njegove pogibije, ali romantičnost koju je svesno projektovao kroz svoju mladost i dobar izgled je bila u potpunosti funkcionalna tokom njegovog života. Još suptilnije je igrao na kartu slike o veličini koju su Amerikanci gajili o sebi, kao i njihove porušene ideale. Ljudi su se doslovno zaljubljivali u njega i tu sliku koju je stvorio.

Zapamtite: većina ljudi veruje za sebe da su iznutra bolji nego što se spolja čine svetu. Puni su nerealizovanih ideala: mogli bi da budu umetnici, mislioci, lideri, duhovne figure, ali ih je svet uništio, uskratio im je šansu da im sposobnosti procvetaju. Ovo je ključ njihovog zavođenja – da ih drže u stanju zaljubljenosti sve vreme. Ukoliko utičete samo na fizičku stranu, kao što mnogi amateri zavodnici rade, oni će vas omrznuti zbog toga što se igrate njihovim najbazičnijim instinktima. Ali obratite se njihovoj boljoj strani, i teško da će primetiti da će biti zavedeni. Učinite da se osećaju uzvišeno, ispunjeno, produhovljeno, i vaša moć nad njima će biti bezgranična.

Simbol: Portretista. Pod njegovim okom, sve vaše nepravilnosti nestaju. On u vama priziva plemenite kvalitete, pravi od vas mit, čini vas bogolikim, besmrtnim. Zbog njegovih sposobnosti da stvara takve fantazije, biva nagrađen velikom moći.

Dendi

• • • • •

Većina nas se oseća zatočenima unutar ograničenih uloga koje svet od nas očekuje da igramo. Brzo nas privuku oni koji su fluidni, dvoznačni, i koji su to sve više od nas – oni koji stvaraju svoju sopstvenu personu. Dendiji nas uzbuđuju zato što se ne mogu kategorizovati, i zato što donose dašak slobode koju želimo za sebe. Oni se igraju sa muževnošću i ženstvenošću; oni sami oblikuju svoju fizičku sliku, što je uvek zanimljivo; oni su misteriozni i nestalni. Oni su takođe privlačni i za narcisizam svakog pola: za žene oni su psihološki ženski, za muškarce, oni su muškarci. Dendiji naveliko fasciniraju i zavode. Iskoristite moć Dendija da stvorite dvosmisleno, maglovito prisustvo koje uzbunjuje potisnute želje.

Ključ karaktera

Mnogi od nas danas zamišljaju da su seksualne slobode porasle tokom poslednjih godina – da se sve promenilo, nabolje ili nagore. Ovo je uglavnom iluzija; čitajući istoriju otkrivamo periode raskalašnosti (carski Rim, pozni XVII vek u Engleskoj, „plutajući svet" osamnaestovekovnog Japana) koji daleko prevazilaze sve što danas iskušavamo. Rodne uloge se konstantno menjaju, ali i ranije su se menjale. Društveno je u stanju neprekidne promene, ali postoji nešto što ostaje isto: velika većina ljudi pristaje na sve ono što se u određenom trenutku smatra normalnim. Oni igraju uloge koje su im dodeljene. Konformizam je stalan, zato što su ljudi društvena bića koja uvek imitiraju jedna druge.

Dendiji pokazuju pravu i radikalnu razliku od drugih ljudi, razliku u pojavi i manirima. Pošto je većina nas tajno potlačena manjkom naše slobode, privlače nas oni koji su fluidniji i koji se razmeću njihovom različitošću.

Dendiji zavode društveno podjednako kao i seksualno; grupe se formiraju oko njih, njihov stil se naširoko imitira, i čitave gomile ljudi se zaljubljuju u njih. U prihvatanju lika Dendija za sopstvene potrebe, zapamtite da je Dendi po prirodi redak i prelep cvet. Razlikujte se istovremeno upečatljivo i estetski, nikad vulgarno; ismevajte trenutne trendove i stilove, idite u novim pravcima, i budite potpuno nezainteresovani za sve što drugi ljudi rade. Većina ljudi je nesigurna; pitaće se šta ste naumili, i polako

Dendizam čak nije, kao što mnogi nemisleći ljudi pretpostavljaju, neumereno bavljenje ličnim izgledom i materijalnom elegancijom. Jer za pravog dendija ove stvari predstavljaju samo simbol aristokratske superiornosti njegove ličnosti... Šta je, onda, ova glavna stvar koja se preokrenula u pohlepu i stvorila svoje vešte tirane? Koji je ovo nepisani ustav koji je stvorio ovoliko nabusitu kastu? To je, iznad svega, goreća potreba da se postigne originalnost, u sklopu očiglednih ograda konvencija. To je kao neka sekta samo jedne osobe, koja se može proširiti čak i onime što se obično naziva iluzijom. To je zadovoljstvo izazivanjem čuđenja, i ponos u satisfakciji što nikada sami nisu bili začuđeni.

ŠARL BODLER, *DENDI*

će početi da vam se dive i da vas imitiraju, zato što se izražavate uz potpuno samopouzdanje.

Dendija tradicionalno definiše odevanje, i svakako da većina Dendija stvara svoj jedinstveni vizuelni stil. Džordž Brajan Brumel, najpoznatiji Dendi od svih, trošio bi sate na svoju toaletu, naročito na neverovatan čvor na svojoj kravati, po kome je bio poznat svugde u Engleskoj početkom XIX veka. Ali stil Dendija nije očigledan, jer Dendiji su suptilni, i nikada se ne trude da zadobiju pažnju – pažnja nalazi njih. Osoba čija se garderoba flagrantno razlikuje ima malo imaginacije i ukusa. Dendiji svoju razliku pokazuju u malim detaljima koji pokazuju njihovo odbacivanje konvencija: Vajldovo zeleno somotsko odelo, Vorholove srebrne perike. Ženski Dendi funkcioniše slično. Ona može da usvoji muški način oblačenja, recimo, ali ako učini tako, detalj tu i tamo čini da se stvarno razlikuje: nijedan čovek se nikad nije oblačio kao Džordž Sand. Visoki šešir i jahaće čizme koje je nosila na ulicama Pariza činile su je neverovatnim prizorom.

Nekonformizam Dendija, ipak, prevazilazi pojavu. To je stvar prema životu koji ih razlikuje; prihvatite taj stav i dobićete krug obožavalaca oko sebe.

Dendiji su majstori za umetnost življenja. Oni žive za zadovoljstvo, ne za rad; okružuju se prelepim stvarima i jedu i piju sa istim zadovoljstvom sa kojim pokazuju svoju garderobu. Ključ je u tome da se od svega napravi estetski izbor. Sposobnost da otklonite dosadu time što od života napravite umetnost će vaše prisustvo učiniti nagradom.

Drugi pol je zemlja koju ne možemo nikad upoznati, i to nas uzbuđuje, stvarajući odgovarajuću seksualnu tenziju. Ali to je takođe i izvor nerviranja i frustracije. Muškarci ne razumeju kako žene razmišljaju i obrnuto; svako se trudi da onaj drugi što više izgleda kao član njihovog pola. Dendiji nikada ne pokušavaju da udovolje, ali u ovoj oblasti oni pružaju zadovoljstvo. Time što prihvataju psihološke elemente suprotnog pola, oni postaju privlačni našem inherentnom narcizmu.

Ja sam žena. Svaki umetnik je žena i trebalo bi da ima ukusa za druge žene. Umetnici koji su homoseksualci ne mogu da budu pravi umetnici zato što vole muškarce, a pošto su i oni sami žene, vraćaju se na normalu.

PABLO PIKASO

Ženski Dendi (blago androgini muškarac) mami žene upravo onim što želi – prisustvom poznatog, udovoljavajućeg, plemenitog. Oponašajući žensku psihologiju, on pokazuje da vodi računa o svom izgledu, osetljiv za detalj, blago koketan – ali takođe pruža i dašak muške okrutnosti. Žene su narcisoidne, zaljubljene u šarm svog pola. Pokazujući im ženski šarm, čovek može da očara i da ih razoruža, ostavljajući ih slabim pred smelim, muževnim potezom koji naprave.

Muževan Dendi (blago androgina žena) postiže uspeh tako što obrće uobičajeni šablon muške superiornosti u pitanjima ljubavi i zavođenja. Čovekova prividna nezavisnost, njegov kapacitet za otuđenost, često mu daje prednost u dinamici odnosa između muškaraca i žena. Ženstvena žena će izazvati požudu, ali će uvek biti podložna muškom kapricioznom gubitku interesovanja; ali muževna žena, sa druge strane, uopšte neće izazvati tu vrstu interesovanja. Krenite putem muževnog Dendija i neutralisaćete sve muške moći. Nikada se ne prepuštajte do kraja; dok ste strastveni i seksualni, uvek sačuvajte dašak nezavisnosti. Možda ćete preći na neku sledeću osobu ili tako on misli. Imaćete druge i važnije stvari oko kojih treba da se brinete, kao što je vaš posao recimo. Muškarci ne znaju kako da se izbore sa ženama koje koriste svoja sopstvena oružja protiv njih; oni su intrigantni, uzbuđeni i razoružani.

Prema Frojdu, ljudski libido je u suštini biseksualan; većinu ljudi na neki način privlači njihov sopstveni pol, ali socijalne stege (u zavisnosti od kulture i istorijskog perioda) potiskuju ove impulse. Dendi predstavlja oslobođenje od takvih stega.

Nemojte da vas zavedu površne kritike koje vaše Dendijevsko ponašanje može izazvati. Društvo će eventualno pokazati nepoverenje prema androginosti (u hrišćanskog teologiji, Satana se najčešće predstavlja kao androgin), ali to samo prikriva njihovu fascinaciju; ono što je najzavodljivije je najčešće ono što je najpotisnutije. Naučite kako da koristite razigranost dendizma i postaćete magnet za mračne, neostvarene želje drugih ljudi.

Ključ za takvu moć jeste dvosmislenost. U društvu u kojem su sve uloge koje se igraju očigledne, odbijanje da se prilagodite bilo kojem standardu će pobuditi interesovanje. Budite i muževni i ženstveni, drski i šarmantni, suptilni i besramni. Neka se drugi ljudi brinu kako da postanu društveno prihvatljivi; takvih ljudi ima u izobilju, a vi tragate za moćima koju se veće nego što oni mogu i da zamisle.

Simbol: Orhideja. Njen oblik i boja čudnovato predstavljaju oba pola, njen miris je sladak i dekadentan – ona je tropski cvet zla. Delikatan i sofisticiran, on je hvaljen zbog svoje retkosti; ne liči niti na jedan drugi cvet.

Prirodni

• • • • • • • •

Detinjstvo je zlatno doba koje uvek, svesno ili nesvesno, pokušavamo da obnovimo. Prirodni tip otelotvoruje kvalitete iz detinjstva za kojima žudimo – spontanost, iskrenost, nepretencioznost. U prisustvu Prirodnog osećamo se spokojno, obujmljeni njihovim razigranim duhom, vraćeni u zlatno doba. Prirodni takođe umeju da naprave vrlinu od slabosti, prizivajući našu simpatiju za njihova iskušenja, čineći da želimo da im pomognemo. Kao i kod dece, mnogo toga je prirodno u vezi sa njima, ali ponešto je i prenaglašeno, to je svesno zavodnički manevar. Prihvatite pozu Prirodnog da biste neutralizovali prirodnu defanzivnost ljudi i inficirajte ih bespomoćnim uživanjem.

Psihološke crte prirodnog

Deca nisu toliko bezazlena, kao što zamišljamo da jesu. Oni pate od osećanja inferiornosti, i veoma rano osete moć svog prirodnog šarma koji im pomaže da ublaže svoje slabosti u svetu odraslih. Oni uče kako da igraju jednu igru: ukoliko njihova prirodna nevinost uspe da ubedi roditelja da se priloni njihovim željama, onda to predstavlja nešto što mogu da upotrebe strategijski u nekoj drugoj situaciji, rabeći to u pravom momentu kako bi bilo po njihovom. Ako je njihova ranjivost i slabost nešto što je toliko privlačno, ona je to nešto što mogu da iskoriste za određene efekte.

Dete reprezentuje svet iz kojeg smo zauvek proterani. Pošto je život odraslih pun dosade i kompromisa, mi negujemo iluzije u vezi sa detinjstvom kao neku vrstu zlatnog doba, iako je on umeo da bude period felikih konfuzija i bola. ne možemo poreći, ipak, da je detinjstvo donosilo određene privilegije, i kao deca smo imali prijatan stav o životu. Kada se suočimo sa određenim šarmantnim detetom, često postajemo čenjivi: sećamo se naše zlatne prošlosti, kvaliteta koje smo izgubili i želimo ih opet. A upravo u prisustvu deteta, dobijamo natrag nešto od te pozlate.

Prirodni zavodnici su ljudi koji nekako uspeju da izgube određene crte detinjastosti pred iskustvom odraslog doba. Takvi ljudi mogu biti ozbiljno zavodljivi kao i bilo koje dete, jer

Davno prošla vremena imaju veliku i često zbunjujuću privlačnost za mušku imaginaciju. Kad god su nezadovoljni trenutnim okruženjem - a ovo se dovoljno često dešava - oni okrenu leđa prošlosti i nadaju se da će biti u mogućnosti da dokažu istinu neutoljivog sna o zlatnom dobu. Oni su verovatno još uvek opčinjeni svojim detinjstvom, koje im se predstavlja putem njihovog nepristrasnog sećanja kao vreme neprekidnog blaženstva.

SIGMUND FROJD

Čovek može sresti ženu koja će ga šokirati svojom ružnoćom. Ubrzo, ukoliko je prirodna i neizveštačena, njena ekspresija će učiniti da on počne da previđa mane njenog fizičkog izgleda. Počeće da mu biva šarmantna, ući će mu u glavu ideja da ju je možda moguće voleti, i nakon nedelju dana živeće u nadi. U nedelji nakon te će pasti u očajanje, a u nedelji posle te će poludeti.

STENDAL, *LJUBAV*

se čini čudesnim to kako su uspeli da sačuvaju te kvalitete. Nisu oni doslovno kao deca, naravno; to bi ih učinilo odbojnim i mizernim. Pre će to biti duh koji su uspeli da povrate. Nemojte misliti da je ova detinjastost nešto što je van njihove kontrole. Prirodni zavodnici veoma rano shvate vrednost očuvanja određenog kvaliteta, i zavodničke moći koju ona nosi; oni preuzimaju i grade te detinjaste karakteristike koje su nekako uspeli da očuvaju, upravo onako kao što dete uči da se igra prirodnim šarmom. U tome leži ključ. U vašoj je moći da učinite isto, pošto u nama vreba vragolasto dete koje žudi za slobodom.

Slede glavni tipovi Prirodnog. Imajte na umu da najveći prirodni zavodnici često predstavljaju kombinaciju više od jednog kvaliteta.

Nevinašce. Odrasli Prirodni tip nije baš nevin – nemoguće je odrastati u ovakvom svetu i sačuvati potpunu nevinost. Pa ipak, Prirodni toliko žude da sačuvaju svoju nevinu spoljašnjost da uspevaju da očuvaju iluziju nevinosti. Oni preuveličavaju svoje slabosti kako bi izmamili odgovarajuću simpatiju. Pretvaraju se da i dalje svet gledaju nevinim očima, što se kod odraslih pokazuje kao dvostruko humoristično. Veliki deo njih je ovoga svestan, ali da bi sve bilo efektivno, odrasli Prirodni moraju da učine da to izgleda suptilno i bez napora – ukoliko se primeti da se trude da izgledaju nevino, ispašće patetični. Naučite da dobro iznesete bilo koju prirodnu slabost ili manu.

Vragolan. Vragolasta deca imaju neustrašivost koju smo mi odrasli izgubili. To je zato što oni ne mogu da sagledaju moguće posledice svog ponašanja – kako mogu uvrediti neke ljude, kako se mogu fizički povrediti tokom toga. Vragolani su smeli, dražesno nehajni. Oni će vas inficirati svojom vedrinom. Takva deca još uvek nisu izgubila svoju prirodnu energiju i duh, time što su naterana da budu ljubazna i uljudna. Potajno im zavidimo; želimo da budemo zločesti, takođe.

Odrasli vragolani su zavodljivi zbog toga koliko se razlikuju od nas. Oni su dašak svežeg vazduha u obazrivom svetu, oni idu do kraja, kao da njihova neprilagođenost ne može da se kontroliše, pa je stoga prirodna. Ukoliko igrate ovu ulogu, ne brinite se oko toga što ćete tu i tamo uvrediti ljude – previše ste ljupki i nesumnjivo će vam oprostiti.

Čudo. Čudo od deteta ima specijalan, neobjašnjiv talenat: dar za muziku, za matematiku, za šah, za sport. Kada rade posao iz oblasti u kojima imaju tako čudnovate sposobnosti, ova deca izgledaju kao da su zaposednuta, i rade bez napora. Ukoliko su umetnici ili muzičari, poput Mocarta, njihov rad kao da proističe iz nekog urođenog impulsa. Ukoliko je u pitanju neki fizički talenat koji imaju, blagosloveni su neverovatnom energijom, izdržljivošću i spontanošću. U svakom od ovih slučajeva, čine se mnogo talentovanijim za svoje godine od drugih. Ovo nas fascinira.

Odrasli koji su čudnovati su najčešće bivši vunderkidovi, koji su uspeli da sačuvaju svoju impulsivnost i veštinu improvizacije. Kako biste igrali čudo, potrebna vam je neka veštna koja se čini jednostavnom i prirodnom, skupa sa sposobnošću da improvizujete. Ako vam je zaista potrebno da dodatno vežbate vaše veštine, morate da prikrijete ovo i da naučite kako da vaš izgleda kao da radite sve ovo bez ikakvog napora. Što više prikrivate znoj koji stoji iza onoga što ste uradili, to će se ta stvar činiti više prirodnom i zavodljivom.

Nebranjeni ljubavnik. Kako ljudi stare, oni se štite od bolnih iskustava time što se povlače. Cena koju plaćaju za to jeste što postaju rigidni, fizički i mentalno. Ali deca se po prirodi ne štite i otvorena su za nova iskustva, a ova receptivnost je ekstremno atraktivna. U prisustvu dece postajemo mnogo manje rigidni, jer na nas utiče njihova otvorenost. Zbog toga želimo da budemo u njihovoj blizini.

Nebranjeni ljubavnici su nekako uspeli da zaobiđu samo-zaštitne procese, zadržavši razigran, prijemčiv duh deteta. Nebranjen ljubavnik spušta svoje inhibicije i inhibicije svoje mete, što je kritični deo zavođenja. Budite otvoreni za uticaje drugih, i mnogo ćete ih lakše očarati.

Simbol: Jagnje. Toliko meko i nežno. Jagnje koje je staro dva dana bezbrižno će skakutati; u roku od nedelju dana ono se već igra igre „Prati vođu“. Njegove slabosti su deo njegovog šarma. Jagnje predstavlja čistu nevinost, toliko nevinu da želimo da je posedujemo, čak i proždremo.

Koketa

• • • • • •

Sposobnost da odložite zadovoljenje je ultimativna umetnost zavođenja – dok čeka, žrtvu držite u ropstvu. Kokete su veliki majstori ove igre, oni orkestriraju tu igru napred-nazad između nade i frustracije. Oni mame obećanjem nagrade – nadom u fizičko zadovoljstvo, sreću, moć – od kojih se sve one pokažu kao maglovite; pa ipak ovo samo još više tera njihove mete da ih jure. Kokete se čine potpuno samodovoljnim: njima vi ne trebate, kao da žele da vam kažu, a njihov narcizam se pokazuje đavolski atraktivnim. Želite da ih osvojite, ali oni drže karte. Strategija Kokete je da nikad ne ponudi totalno zadovoljenje. Podražavajte smenjivanje toplo-hladnog pristupa Kokete i vrtećete oko prsta one koje zavodite.

Ključ karaktera

Prema raširenoj percepciji, Kokete su savršena zadevala, eksperti da pobude želju putem provokativne pojave ili zavodljivog stava. Ali prava suština Kokete jeste njihova sposobnost da zarobe ljude emocionalno, i da svoje žrtve drže u svojim kandžama još dugo nakon što prvi put zagolica požuda. Ovo je veština koja ih stavlja u isti rang sa svim najefikasnijim zavodnicima.

Kako biste razumeli čudnovatu moć Kokete, prvo morate razumeti osnovno vlasništvo nad ljubavlju i požudom: što očiglednije jurite neku osobu, verovatnije je da ćete je oterati. Previše pažnje može biti interesantno neko vreme, ali uskoro dolazi do zasićenja i na kraju postaje klaustrofobična i zastrašujuća. Ona šalje signale o slabosti i potrebi, što je nezavodnička kombinacija. Veoma često pravimo tu grešku, misleći da naše konstatno prisustvo pruža neko osiguranje. Ali Kokete imaju inherentno razumevanje ove konkretne dinamike. Majstori selektivnog povlačenje, oni nagoveštavaju hladnoću, svoje odsustvo s vremena na vreme, kako bi svoje žrtve izbacili iz ravnoteže, iznenadili ih i zaintrigirali. Njihova povlačenja ih čine misterioznim, i mi ih izgrađujemo u našoj imaginaciji. Uvođenje distance još više stimuliše osećanja; umesto da nas razljuti, čini nas nesigurnim. Možda im se zaista ne sviđamo, možda su izgubili interesovanja za nas. Kad se jednom naša taština uključi u celu stvar, mi se potčinjavamo Koketi samo da bismo dokazali da smo i dalje poželjni. Zapamtite:

Narcisoidne žene su najviše fascinirane muškarcima... Šarm deteta u velikoj meri leži u narcisoidnosti, njegovoj samodovoljnosti i nepristupačnosti, kao što čini i šarmantnost pojedinih životinja, koje izgledaju kao da ih mi uopšte ne zanimamo, poput mačaka recimo...
To je kao da im zavidimo na sposobnosti očuvanja umnog blagostanja - nesavldaiva pozicija libida koju smo mi sami davno napustili.

SIGMUND FROJD

suština Kokete ne leži u mamljenju i izazivanju nego u sledstvenom koraku nazad, emotivnom povlačenju. To je ključ za porobljavanje požude.

Kokete znaju kako da udovolje; ne i kako da vole, zbog čega ih muškarci toliko obožavaju.

PJER MARIVO

Kokete nisu emotivno zavisne; one su samodovoljne. I to je neočekivano zavodljivo. Samopouzdanje je kritično za zavođenje. Nisko samopouzdanje je odbojno, samopouzdanje i samodovoljnost privlače. Što manje izgledate kao da vam trebaju ljudi, više ćete biti privlačni ostalima. Shvatite značaj ovoga u vezama i biće vam lakše da potisnete vašu potrebu za njima.

Odustvo, odbijanje poziva za večeru, nenamerni nesvesna grubost - od njih se dobija više koristi nego od sve kozmetike i lepe odeće na svetu.

MARSEL PRUST

Koketa najpre mora da bude u stanju da izazove metu njegove ili njene pažnje. Pažnja može biti seksualna, može mamiti slavom, šta god da je potrebno. U isto vreme, Koketa šalje kontradiktorne signale koji stimulišu kontradiktorne odgovore, izazivajući konfuziju kod žrtve.

Kokete zavise od razvijanja paterna kojim će ostale izbacivati iz ravnoteže. Iskusivši zadovoljstvo jednom, mi žudimo da ponovimo to; stoga nam Kokete daju zadovoljstvo, a onda ga oduzimaju.

Ona koja želi da očuva svoju moć, mora koristiti nedaću svog ljubavnika.

OVIDIJE

Kokete nikada nisu ljubomorne – to bi umanjilo njihovu sliku suštinske samo-održivosti. Ali one su majstori da izazovu ljubomoru: time što obraćaju pažnju na treću stranu, stvarajući trougao požude, signalizirajući svojim žrtvama da možda i nisu toliko zainteresovane. Triangulacija je ekstremno zavodljiva, u socijalnom kontekstu kao i u erotskom. Zapamtite da održavate emotivnu i fizičku distancu. Ovo će vam omogućiti da se smejete i plačete na komandu, da ispoljavate samodovoljnost, i sa takvim otuđenjem ćete moći da se igrate ljudskim emocijama kao da su igračke.

Simbol: Senka. Ne može se ugrabiti. Pojurite svoju senku i ona će uteći, okrenite joj leđa i ona će vas pratiti. Takođe, to je i mračna strana jedne osobe, stvar koja je čini misterioznom. Pošto su nam pružili zadovoljstvo, senka njihovog povlačenja čini da žudimo za njihovim povratkom, baš kao što nas i oblaci teraju da žudimo za suncem.

Šarmer

• • • • • • •

Šarm je zavođenje bez seksa. Šarmeri su u potpunosti manipulatori, koji maskiraju svoju dovitljivost time što stvaraju raspoloženje zadovoljstva i komfora. Njihov metod je jednostavan: oni skreću pažnju na sebe i fokusiraju je na svoju metu. Oni razumeju vašu prirodu, osećaju vaš bol, prihvataju vaša raspoloženja. U prisustvu Šarmera ćete se osećati bolje po pitanju sebe. Šarmeri se ne raspravljaju i ne svađaju, ne žale, ne gnjave – šta može biti zavodljivije od toga? Uvlačeći vas u svoju igru udovoljavanjem, čine da postanete zavisni od njih, a njihova moć raste. Naučite kako da koristite Šarmerove magije ciljajući primarne ljudske slabosti: taštinu i samopouzdanje.

Umetnost Šarma

Seksualnost je veoma remetilačka. Nesigurnosti i emocije koje pobuđuje često mogu da prekinu veze koje bi inače bila dublje i duže. Rešenje koje nudi Šarmer jeste ispunjavanje aspekata seksualnosti koji su toliko primamljivi i adiktivni – fokusirana pažnja, pojačavanje samopoštovanja, razumevanje (stvarno ili iluzorno) – ali izuzimanje samog seksa. Ne radi se o tome da Šarmer potiskuje ili brani seksualnost; ono što vreba ispod površine bilo kojeg pokušaja šarmiranja jeste seksualni izazov, mogućnost. Šarm ne može da postoji bez nagoveštaja seksualne tenzije. Ne može se njime upravljati ukoliko seks nije pri ruci ili u pozadini.

Ptice se hvataju sviraljkama koje imitiraju njihov glas, a muškarci reičma koje se najviše slažu sa njihovim mišljenjem.

SEMJUEL BATLER

Reč „šarm" dolazi od latinske reči *carmen,* pesma, ali takođe znači i bajalica koja ide skupa sa bacanjem čini. Šarmer implicitno prihvata ovo nasleđe, bacajući čini koje ljudima okupiraju pažnju, koje ih fasciniraju. A tajna privlačenja pažnje ljudi, uz spuštanje njihovih racionalnih moći, jeste napasti ono nad čime imaju najmanje kontrole: njihov ego, njihova taština i samopouzdanje. Kao što je Benjamin Disraeli rekao: „Pričajte sa čovekom o njemu i slušaće vas satima." Strategija ne sme biti očigledna, suptilnost je Šarmerova velika veština. Ukoliko metu treba držati podalje od Šarmerovih napora, i od toga da počne da sumnja, možda je najbolje izmoriti njihovu pažnju, gde je blagi pristup esencijalan.

Ono što sledi su zakoni šarma.

Znate šta je šarm: način da dobijete potvrdan odgovor, bez da ste postavili pitanje.

Alber Kami

Učinite vašu metu centrom pažnje. Šarmeri padaju u senku, njihove mete postaju subjekti njihovog interesa. Da biste bili Šarmeri, morate da naučite da slušate i opažate. Neka vaša meta priča, otkrivajući vam se u procesu. Dok saznajete sve više i više o njima, možete da usmerite vašu pažnju na jednu osobu, čineći se privlačnim njihovim željama i potrebama, krojeći svoje hvalisanje prema njihovim nesigurnostima. Neka budu zvezde šoua, i postaće zavisne od vas.

Budite izvor zadovoljstva. Niko ne želi da sluša o tvojim problemima i nevoljama. Slušajte žalbe vaše mete, ali što je još važnije, skrenite im pažnju sa njihovih problema i pružite im zadovoljstvo. (Činite ovo dovoljno često i opčinićete ih.) Ako ste veseli i zabavni, bićete uvek šarmantniji nego da ste ozbiljni i kritični.

Unesite antagonizam u harmoniju. Nikada nemojte izazivati antagonizam koji se može ispostaviti imun na vaš šarm; pred onima koji su agresivni, povucite se, pustite ih da imaju svoje male pobede. Popustljivost i povlađivanje će učiniti da bilo koji neprijatelj odustane od borbe. Nemojte nikada kritikovati ljude javno – to će ih učiniti nesigurnim, i otpornim na promenu. Podmećite ideje, insinuirajte rešenja.

Uljuljkajte vaše žrtve u spokoj i udobnost. Šarm je kao hipnotičarski trik sa satom koji se klati: što je meta relaksiranija, lakše je pridobiti je za vaše potrebe. Ključ za činjenje vaših žrtvi da se osećaju dobro jeste da im budete kao ogledalo, da prihvatate njihova raspoloženja. Ljudi su narcisoidni – njih privlače oni koji su im najsličniji. Neka se čini da delite njihove vrednosti i ukus, da razumete njihov duh, i oni će potpasti pod vašu magiju.

Budite korisni. Ukoliko ste suptilni, vaša mogućnost da poboljšate živote drugih će biti đavolski zavodljiva. Vaše društvene sposobnosti će se pokazati važnim u ovoj situaciji: stvarajući široku mrežu saveznika, dobićete moć da povezujte ljude jedne sa drugima, što će dovesti do toga da zato što vas poznaju, mogu sebi da olakšaju živote. Ovo je nešto čemu niko ne može da se odupre. U završnici je ključ. Svako može da napravi obećanje; ono što vas izdvaja, i čini vas šarmantnim jeste vaša sposobnost da se probijete na kraju.

Simbol: Ogledalo. Vaš duh drži ogledalo drugima. Kada vide vas, vide sebe: svoje vrednosti, svoj ukus, čak i svoje mane. Njihova dugovekovna ljubavna afera sa njihovim sopstvenim likom je utešna i hipnotična; stoga je hranite. Nikad niko ne može videti šta je iza stakla.

Govor koji ponese publiku i koji dobije aplauz je često manje sugestivna, iz prostog razloga zato što je očigledno da mu je cilj da bude ubedljiv. Ljudi koji zajedno razgovaraju na bliskom odstojanju utiču jedni na druge tonom glasa koji prihvataju i načinom na koji gledaju jedni druge, a ne samo vrstom jezika koji koriste. S punim pravom možemo nazvati dobrog kozera šarmerom u magičnom smislu te reči.

Gustav Tard

Harizmatik

Harizma je prisustvo koje nas uzbuđuje. Ono dolazi od unutrašnjeg kvaliteta – samopouzdanja, seksualne energije, smisla postojanja, zadovoljstva – koji većini ljudi nedostaje i oni ga žele. Ovaj kvalitet se ispoljava prema spolja, prožimajući postupke Harizmatika, čineći da izgledaju neobično i superiorno, a nama se čini da ima mnogo više od onog što se čini na prvu loptu: oni su bogovi, sveci, zvezde. Harizmatici mogu da nauče da povećaju svoju harizmu prodornim pogledom, vatrenim govorništvom, daškom misterije. Oni su u stanju da naveliko zavode. Naučite kako da stvorite harizmatičnu iluzije time što ćete ispoljavati intezivnost, dok istovremeno ostajete distancirani.

Harizma i zavođenje

Harizma je zavođenje na širokom planu. Harizmatici čine da se mase ljudi zaljubljuje u njih, a onda ih predvode. Proces kojim činite da se zaljube je jednostavan i prati stazu sličnu onoj u zavođenju jedan na jedan. Harizmatici imaju određene kvalitete koji su moćni i atraktivni i čine da se oni ističu. Ovo je možda od njihove samouverenosti, njihove smelosti, iskrenosti. Oni čuvaju izvore ovih kvaliteta u misteriji. Oni ne objašnjavaju odakle njihovo samopouzdanje ili zadovoljstvo sobom dolazi, ali njega mogu svi da osete; ono se ispoljava ka napolje, bez prisustva svesnog napora. Lice harizmatika je najčešće živahno, puno energije, želje, svesnosti – izgled ljubavnika, nekoga ko je instant privlačan, čak i blago seksualan. Mi smo srećni kada pratimo Harizmatike zato što volimo da nas vode, naročito ljudi koji obećavaju avanturu i prosperitet. Mi zanemarujemo sebe zbog njihovih ciljeva, postajemo emotivno vezani za njih, osećamo se življim time što verujemo u njih – zaljubljujemo se.

Razumećemo da "Harizma" referiše na nesvakidašnji kvalitet jedne osobe, bez obzira da li ovaj kvalitet zaista postoji, ili je navodan ili pretpostavljen. "Harizmatični autoritet", stoga, referiše na vladavinu nad muškarcima, bez obzira da li je to predominatno spoljnja ili predominantno unutrašnja, kojoj se onaj nad kojim se vlada potčinjava zbog svoje vere u nesvakidašnje kvalitete specifične osobe.

Maks Veber

Harizma igra na potisnutu seksualnost, stvara erotski naboj. Pa ipak poreklo sveta ne leži u seksualnosti, već u religiji, a religija opstaje duboko upletena u savremenu harizmu.

Pre hiljade i hiljade godina, ljudi su verovali u bogove i duhove, ali svega nekoliko njih je reklo da su prisustvovali čudu, fizičkoj demonstraciji božanske moći. Pa ipak, čovek, koji se čini obuzet božanskim duhom – govoreći

Taj đavo od čoveka primenjuje fasciniranje na meni koje ja ne mogu ni da objasnim, i to u takvoj meri da, iako se ne bojim ni boga ni đavola, kada sam u njegovom prisustvu ja drhtim kao dete, i prošao bih kroz iglene uši samo da bih skočio u vatru za njega.

General Vandam o Napoleonu Bonaparti

jezikom, ekstatičnim trzajima, ekspresijom intenzivnih vizija – isticao se kao onaj koga su bogovi izdvojili. A ovaj čovek, sveštenik ili prorok, dobio bi veliku moć nad ostalima.

Danas se za svakoga ko ima pojavu, ko privlači pažnju kada uđe u sobu, kaže da ima harizmu. Ali čak i ovi manje uzvišeni tipovi otkrivaju trag onog kvaliteta koji se nalazi u originalnom značenju. Njihova harizma je misteriozna i neobjašnjiva, nikad očigledna. Poseduju neobično samopouzdanje. Oni poseduju dar – često su blagoglagoljivi – što čini da se ističu iz gomile. Oni donose sa sobom viziju.

Harizma se sigurno čini mističnom, ali to ne znači da ne možete da naučite određene trikove koji će povećati vašu harizmu koju već posedujete, ili će vam je pužiti makar na planu spoljašnjeg izgleda. Ovo što sledi su osnovni kvaliteti koji će vam pomoći da stvorite iluziju harizme:

Misterija. Misterija leži u samom srcu harizme, ali to je naročita vrsta misterije – ona koja izražava kontradikciju. Harizmatik može da bude i proleter i aristokrata (Mao Ce Dung), i uzbudljiv i hladan (Šarl de Gol), i intimana i distanciran (Sigmund Frojd). Pošto je većina ljudi predvidljiva, efekat ovih kontradikcija je razorno harizmatičan. On čini da postaje teško pronići u vas, obogaćuje vaš karakter, čini da ljudi pričaju o vama. Pokažite vašu misterioznost postepeno i svet će se prostrti pred vama. Takođe, ljudi vam moraju biti na određenoj distanci, kako vas ne bi prokljuvili.

Elokventnost. Harizmatik se oslanja na moć reči. Razlog je jednostavan: reči su najbrži put za stvaranje emotivne uznemirenosti. One mogu da uzdignu, uzvise, izazovu bes, bez da referišu na nešto realno. Elokventnost se uči. Ruzvelt, smiren, patricijski tip, bio je u stanju da se pretvori u dinamičnog govornika, i putem načina na koji je govori, koji je bio spor i hipnotišuć, i putem njegove briljante upotrebe slikovitosti, aliteracija i biblijske retorike.

Teatralnost. Harizmatik je veći od života, poseduje dodatnu pojavnost. Glumci su proučavali ovu vrstu pojave vekovima; oni znaju kako da se pojave pred prepunom pozornicom i da rukovode pažnjom. Na opšte iznenađenje, nije glumac koji najglasnije viče ili koji ima najmahnitije pokrete onaj koji najbolje koristi ovu magiju, nego glumac koji ostaje miran, ispoljavajući samopouzdanje.

Vatrenost. Morate da verujete u nešto, i to da verujete dovoljno jako da se to pokazuje u vašim pokretima i da vam od toga oči gore. Ono što prethodi vatrenom ubeđenju jeste neki veliki cilj oko kojeg se valja okupiti – krstaški rat. Postanite mesto okupljanja za ljudsko nezadovoljstvo, i pokažite da ne delite nijednu sumnju koja mori normalne ljude. Ljudi su sve više i više izolovani i žude za zajedničkim iskustvom. Pustite da vaša sopstvena vatrena vera, u bukvalno bilo šta, pruži ostalima nešto u šta će verovati.

Ranjivost. Harizmatici ispoljavaju potrebu za ljubavlju i strašću. Oni su otvoreni za svoju publiku, i zapravo se hrane njenom energijom; publika je zauzvrat pobuđenja Harizmatikom. Pošto harizma uključuje osećanje slično ljubavi, zauzvrat morate otkriti svoju ljubav vašim sledbenicima. Zamislite da je javnost jedna osoba koju pokušavate da zavedete – ništa nije zavodljivije ljudima nego osećanje da su poželjni.

Avanturizam. Harizmatici su nekonvencionalni. Oni unose dašak avanture i rizik koji prihvataju dosadne osobe. Budite smeli i hrabri u svojim akcijama - neka vide kako prihvatate rizik za neku dobrobit drugih. Iskažite heroizam kako biste obezbedili sebi harizmu koja će vam trajati dok ste živi. U suprotnom, i najmanji znak kukavičluka ili zastraženosti će uništiti sve što ste imali od harizme.

Magnetizam. Ako je neki fizički atribut krucijalan u zavođenju, to su oči. One otkrivaju uzbuđenje, tenziju, distancu, bez da je i jedna reč izgovorena. Ponašanje Harizmatika može biti smireno, ali njihove oči su magnetične; oni imaju probojan pogled koji uznemirava emocije njihove mete, primenjujući silu bez reči ili dela. Oči Harizmatika nikada ne pokazuju strah ili nervozu.

Simbol: Lampa. Nevidljiva oku, struja koja protiče kroz žicu u staklenoj posudi stvara vrućinu koja se pretvara u usijanje. U mraku koji prevladava, Lampa je ta koja obasjava put.

Zvezda

• • • • • •

Svakodnevni život je težak, i većina nas konstantno traži izlaz iz njega u fantazijama i snovima. Zvezde se hrane našom slabošću; izdvajajući se od drugih distinktivnim i primamljivim stilom, teraju nas da poželimo da ih gledamo. U isto vreme, one su maglovite i eterične, čuvaju svoju distancu, i puštaju nas da zamišljamo kako postoji više od onoga što vidimo. Njihova bajkovitost radi uz pomoć našeg podsvesnog; čak nismo ni svesni koliko ih imitiramo. Naučite kako da postanete objekat fascinacije time što pokazujete svetlucavu ali maglovitu pojavu, poput Zvezde.

Sveže, svetlo lice koje nije ništa tražilo, koje je jednostavno postojalo, čekajući - bilo je to prazno lice, pomislio je; lice koje se moglo promeniti najmanjim daškom vetra. Moglo se u njega učitati bilo šta. Izgledalo je kao prelepa prazna kuća koja čeka na tepihe i slike. Pred njom su bile otvorene sve mogućnosti - da postane ili palata ili bordel. To je zavisilo od toga ko će je ispuniti. Koliko je, u poređenjeu s tim, ograničeno bilo sve što je već kompletirano i označeno.

Erik Maria Remark o Marlen Ditrih

Ključ karaktera

Zavođenje je oblik ubeđivanja koje želi da zaobiđe svesno, podstičući nesvesni um. Razlog za ovo je jednostavan, toliko smo okruženi stimulansima koji okupiraju našu pažnju, bombardujući nas očiglednim porukama, i ljudima koji su otvoreno politični i manipulativni, da nas retko šarmiraju ili obmanu. Postali smo veoma cinični. Pokušajte da u nešto ubedite osobu time što ćete aludirati na njihovo svesno, pokazujući sve vaše karte, i sve nade koje imamo? Vi ste samo još jedna iritantnost koju treba isključiti.

Da biste izbegli ovu sudbinu, morate da ovladate umetnošću insinuacije, u dosezanju podsvesnog. Najelokventniji izraz podsvesnog jeste san, koji je intrigantno povezan sa mitom. Snovi nas opsedaju zato što su mešavina stvarnog i nestvarnog. Oni su ispunjeni pravim ličnostima, i često se bave pravim situacijama, pa ipak tako su divno iracionalni, gurajući stvarnost do ekstremnih delirijuma.

Pokreti, reči, samo postojanje ljudi kao što su Džon F. Kenedi ili Endi Vorhol, na primer, bude i realno i nerealno: možda ne možemo to da shvatimo (a i kako bismo, zaista), ali oni su kao ličnosti iz snova za nas. Oni imaju kvalitete koji ih ustoličuju u realnosti – iskrenost, razigranost, senzualnost – ali u isto vreme njihova povučenost, njihova superiornost, njihov skoro nadrealni kvalitet ih čini kao da dolaze iz filma.

Zvezda je kreacija modernog bioskopa. I ono što je omogućilo filmu da proizvede

Zvezdu jeste krupan kadar, koji odjednom izdvaja glumca iz njihovog konteksta, ispunjavajući um njihovim likom. Nikada nemojte zaboraviti na ovo dok postajete Zvezda. Najpre, morate da imate tako veliku pojavu da možete da uzbunite um vaše mete kao što krupan kadar ispunjava ekran. Morate imati stil i pojavu koja će vas izdvojiti od svih drugih.

Divljaciobožavaju idole od drveta i kamena; civilizovan čovek idole od krvi i mesa.

DŽORDŽ BERNARD ŠO

Pod dva, negujte prazan, misteriozan izraz lica, centar koji razvija zvezdanost. Ovo će vam omogućiti da ljudi u vas učitaju šta god požele. Umesto da označava raspoloženja i emocije, umesto da preteruje u ispoljavanju emocija, Zvezda priziva interpretaciju.

Zvezda se ističe, i to može uneti određen efekat dramatičnosti. Ponekad, ipak, proganjajući, snoliki efekat može da se stvori suptilnim detaljima: načinom na koji pušite cigaretu, vokalnim postametnom, načinom na koji hodate. Najčešće su to male stvari koje se uvlače ljudima pod kožu i teraju vas da ih imitirate. Iako svesni um može jedva da registruje ove nijanse, subliminalno one mogu biti atraktivne kao bilo koji objekat sa začudnim oblikom ili čudnom bojom. Podsvesno nas na čudan način privlače stvari koje nemaju nikakvog značenja osim svog fascinantnog izgleda.

Zvezde žele da saznamo što više o njima. Morate da naučite da uskomešate ljudsku radoznalost time što ćete ih pustiti da imaju uvid u vaš privatni život – cilj za koji se borite, osoba u koju ste zaljubljeni (trenutno) – nešto što naizgled otkriva element vaše personalnosti. Pustite ih da fantaziraju i zamišljaju.

Još jedan način na koji nas Zvezde zavode jeste tako što se identifikujemo sa njima. Ključ je predstavljati određeni tip, kao što Džimi Stjuart predstavlja kvintesenciju američke srednje klace, Keri Grant uglađenog aristokrate. Ljudi vašeg tipa će gravitirati ka vama, identifikovati se sa vama, deliti vaše radosti i patnje. Privlačenje mora biti podsvesno, izraženo ne vašim rečima, već vašom pozom, vašim stavom.

Vi ste glumac. I čak i najefektniji glumci imaju unutrašnju distancu: oni mogu da oblikuju svoje fizičko prisustvo ukoliko ga uviđaju spolja. Unutrašnja distanciranost nas fascinira. Zvezde su razigrane kad su one same u pitanju, uvek prilagođavajući svoju sliku vremenu. Ništa nije smešnije od imidža koji je bio u modi pre deset godina, ali više nije. Zvezde moraju uvek obnavljati svoj sjaj ili će se suočiti sa najgorom mogućom sudbinom: zaboravom.

Simbol: Kumir. Parče kamena u koje je urezan oblik boga, eventualno svetlucav od zlata i nakita. Oči obožavalaca ispunjavaju kamen životom, zamišljajući da imaju prave moći. Njihov oblik im omogućava da vide ono što žele da vide – boga – ali to je zapravo zaista samo komad stene. Bog zapravo živi u njihovoj imaginaciji.

DRUGI DEO

. . . .

Proces zavođenja

Većina nas razume da naši određeni postupci mogu imati zadovoljavajuć i zavodljiv efekat na osobe koje želimo da zavedemo. Problem je u tome što smo generalno previše zaljubljeni u sebe. Možemo povremeno učiniti nešto što je zavodljivo, ali ovome najčešće usledi neki sebični ili agresivni postupak (žurimo da dobijemo ono što hoćemo); ili, nesvesni onoga što radimo, pokazujemo našu stranu koja je sitničava i banalna, umanjivši time bilo kakvu iluziju ili fantaziju koju je neka osoba imala u vezi sa nama. Naša iskušenja u zavođenju obično ne traju dovoljno dugo da bi stvorila neki efekat.

Nećete nikad nikoga zavesti ako se oslonite samo na vašu prodornu ličnost, ili ako povremeno uradite nešto plemenito i primamljivo. Zavođenje je proces za koji je potrebno vreme – što duže traje i što je sporije, dublje ćete prodreti u um vaše žrtve.

Dvadeset i četiri poglavlja ovog dela će vas naoružati nizom taktika koje će vam pomoći da izađete iz sebe i uđete u um vaše žrtve, tako da možete da se igrate s njom kao s igračkom.

Poglavlja su poređana bez konkretnog redosleda, ali se kreću od inicijalnog kontakta sa vašom žrtvom, do uspešnog završetka. Zbog toga što misli imaju običaj da se kod ljudi tokom dana uglavnom vrte oko svakodnevnih briga i nesigurnosti, vi nećete moći da produžite sa zavođenjem sve dok im polako ne odstranite sve anksioznosti i rasutu pažnju njihovih umova ne ispunite sobom. Uvodna poglavlja će vam pomoći da ostvarite upravo ovo. Postoji u vezama prirodna tendencija da postanete toliko upoznati jedno sa drugim, da to dovede do dosade i stagnacije. Morate da konstantno iznenađujete vašu žrtvu, da komešate stvari, čak i da ih šokirate. Srednja i završna poglavlja će vas obučiti kako da ovladate umetnošću smenjivanjem nade i očajanja, zadovoljstva i bola, sve dok žrtva ne oslabi i ne preda se.

Po svaku cenu se oduprite iskušenju da zbrzate stvari do klimaksa zavođenja, ili da improvizujete. U tom slučaju, niste zavodljivi, nego sebični. Sve je u svakodnevnom životu zbrzano i improvizovano, i vi morate da ponudite nešto drugačije. Time što ćete izdvojiti vreme za procez zavođenja, nećete samo slomiti otpor vaše žrtve, nego ćete i naterati da se zaljube u vas.

1
Odaberite pravu žrtvu

Sve zavisi od mete vašeg zavođenja. Pomno proučite vaš plen, i birajte samo one koji će se pokazati podložni vašem šarmu. Prave žrtve su one kojima možete ispunitit prazninu u njima, koje u vama vide nešto egzotično. One su često izlovane ili makar na neki način nesrtećne (možda usled skorašnjih loših okolnosti), ili lako od njih možete načiniti nekog takvog – jer osobu koja se opire praktično je nemoguće zavesti. Savršena žrtva ima neki prirodni kvalitet koji vas privlači. Jake emocije koje ovaj kavliate pobuđuje će pomoći da vaši zavodnički manevri izgledaju još prirodniji i dinamičniji. Savršena žrtva dopušta savršenu poteru.

Oduvek sam primećivao da se muškarci retko zaljubljuju u žene sa plastičnom lepotom. Postoji svega nekoliko "zvaničnih lepotica" u svakom društvu, u koje ljudi upiru prstom u pozorištima i na žurkama, kao da su javni spomenici; pa ipak, muško oduševljenje retko ide u njihovom pravcu. Takva lepota je tako odlučno estetska, da pretvara ženu u artistički objekat, i izolirajući je time, stavlja je na distancu... Ekspresivni šarm određenog manira jednog bića, a ne besprekornost i plastična perfektnost, jeste, po mom mišljenju, kvalitet koji efektivno inspiriše ljubav. Ideja o ljubavi kao komadu predivnog mermera zdrobila je svako moguće

Ključ zavođenja

Tokom našeg života, naći ćemo se u okolnostima da moramo da ubeđujemo ljude – kako bismo ih zaveli. Neki će biti relativno otvoreni za naš uticaj, samo ukoliko je suptilan, dok će drugi biti otporni na naš šarm. Možda će nam ova misterija biti van kontrole, ali to nije efikasan način na koji bi trebalo da se nosimo sa životom. Zavodnici vole da imaju veće šanse. Što je češće moguće, oni će krenuti prema ljudima koji im otkriju neku svoju ranjivost, a izbegavaju one kojima ne mogu ništa. Ostaviti na moru ljude koji su vam nedostupni je mudar put; ne možete zavesti sve. Sa druge strane, morate aktivno da lovite plen koji odgovara na vas na pravi način.

Kako prepoznajete svoje žrtve? Po načinu na koji odgovaraju na vas. Ne treba da previše pažnje obraćate na njihove svesne odgovore – osoba koja očigledno pokušava da vam udovolji ili da vas šarmira verovatno igra na kartu vaše taštine, i želi nešto od vas. Umesto toga, više pažnje obratite na one odgovore koji su van svesne kontrole – crvenilo u obrazima, nehotično podražavanje nekog vašeg pokreta, neobična stidljivost, možda i tračak besa ili resantimana. Sve ovo pokazuje da imate efekta na osobu koja je otvorena za vaše uticaje.

Odgovarajuće mete takođe možete prepoznati po efektu koji imaju na vas. Možda čine da se osećate nesigurno – možda oni odgovaraju nekom duboko ukorenjenom idealu iz detinjstva, ili predstavljaju neki lični tabu koji vam je uzbudljiv. Kada neka osoba ima jak efekat na vas, ona oblikuje sve vaše potonje manevre. Vaša jaka želja će imati uticaja na vašu metu i pružiće im jednu opasnu senzaciju, a to je da imaju moć nad vama.

pročišćavanje i vitalnost u psihologiji ljubavi.

HOSE ORTEGA I GASET, *O LJUBAVI*

Nikada ne žurite da padnete u naručje prve osobe kojoj se svidite. To nije zavođenje, to je nesigurnost. Potreba koja vas vuče ka tome će nadoknađivati nizak nivo povezanosti, i zainteresovanost na obe strane će pokleknuti. Pogledajte tipove koje ranije niste uzimali u razmatranje – tu ćete naći izazov i avanturu.

Iako je žrtva koja je savršena za vas ona koja od vas zavisi, određeni tipovi se predaju mnogo više ispunjavajućem zavođenju. Oni za vas imaju neki mentalni prostor za ispunjavanje. Sa druge strane, trebalo bi da generalno izbegavate ljude koji su preokupirani poslom ili radom – zavođenje zahteva pažnju, a zauzeti ljudi imaju premalo mesta u svojim umovima koje možete da okupirate.

Savršene žrtve su najčešće ljudi koji misle da imaju nešto što vi nemate, i koji će biti oduševljeni time što ćete im vi to pružiti. Takve žrtve verovatno imaju temperament koji je potpuno suprotan vašem, i ova razlika će stvoriti odgovarajuću tenziju.

Zapamtite: savršena žrtva je osoba koja će vas uzbuditi na način koji je rečima neopisiv. Budite kreativni u odabiru svog plena, i bićete nagrađeni mnogo uzbudljivijim zavođenjem.

Ko je tako čvrst, da se ne može zavesti?

VILIJAM ŠEKSPIR, *JULIJE CEZAR*

Simbol: Lov na velike životinje. Lavovi su opasni – loviti ih znači biti upoznat sa uzbuđenjem rizika. Leopardi su mudri i brzi, nude uzbuđenje ozbiljne potere. Nikada nemojte srljati u lov. Upoznajte vaš plen i pametno ga odaberite. Ne gubite vreme na male životinje – zečeve i kune koji uleću u zamke. U izazovu je zadovoljstvo.

2
Stvorite lažan osećaj sigurnosti – Pristupite indirektno

Ukoliko ste od samog početka previše direktni, rizikujete da izazovete otpor koji se nikad neće povući. Na početku, ništa od zavodničkog manira ne sme postojati kod vas. Zavođenje bi trebalo da počne iz nekog određenog ugla, izokola, tako da meta tek postepeno postaje svesna vas. Opsedajte samo periferiju života vaše mete – pristupajte joj preko trećeg lica, ili izgledajte kao da želite da gajite relativno neutralnu vezu, postepeno prelazeći iz prijatelja u ljubavnika. Sredite povremena „slučajna“ viđanja, kao da je suđeno da se vi i vaša meta sretnete. Uljuljkajte metu u osećanje sigurnosti, i onda napadnite.

Ključ zavođenja

Na ulici, nikada je ne zaustavljam, ili razmenimo pozdrave ali se nikada ne približavam, već stremim distanci. Verovatno su naši učestali susreti njoj očigledni; verovatno je shvatila da se na njenom horizontu pojavila nova planeta, koja se u svom kretanju uznemiravajuće pojavila u njenoj orbiti na jedan zanimljivo neuznemiravajući način, ali ona nema nikakav nagoveštaj u vezi sa zakonima njenog kretanja... Pre nego što otpočnem svoj napad, prvo se moram upoznati sa njom i celokupnim njenim mentalnim stanjem.

SEREN KJERKEGOR, *ZAVODNIKOVI DNEVNICI*

Ono što želite kao ljubavnik jeste da ovladate sposobnošću da pokrenete ljude u pravcu u kojem želite da oni idu. Ali ta igra je opasna; istog trenutka kada osete da su pod vašim uticajem, postaće rezervisani. Mi smo stvorenja koja ne mogu da podnesu osećanje da se postpuaju po volji drugog. Čim pre vaše mete shvate ovo, pre ili kasnije će se okrenuti protiv vas. Ali šta ako možete da ih naterate da rade ono što želite, bez da to shvate? Šta ako misle da su oni ti koji kontrolišu situaciju? To je moć indirektnosti i nijedan zavodnik ne može da ostvari magiju bez njega.

Prvi potez je jednostavan: jednom kada ste odabrali odgovarajuću osobu, morate naterati metu da dođe ka vama. Ukoliko, tokom uvodnih nivoa, možete da naterate metu da pomisli kako ona čini prvi korak, pobedićete. Neće biti nikakvog resantimana, nikakve izvitoperene protivakcije, nikakve paranoje.

Ali potrebno je da im pružite prostora da dođu ka vama. Ovo se može ostvariti na nekoliko načina. Možete ih proganjati po periferiji njihove egzistencije, dopustiti im da vas primete na različitim mestima, ali da vam nikada ne priđu. Pridobićete njihovu pažnju na ovaj način, a ukoliko žele da premoste taj zjap, moraće da dođu k vama. Možete da se igrate mačke i miša sa njima, prvo da izgledate kao da ste zainteresovani, a onda da se povučete – aktivno ih mameći da vas prate u svoju mrežu. Štagod da radite, i kakvo god zavođenje da praktikujete, morate po svaku cenu izbeći prirodnu tendenciju da okupirate svoju metu. Nemojte napraviti grešku pa misliti da će izgubiti interesovanje ukoliko ne izvršite pritisak, ili da će im prijati poplava pažnje. Previše pažnje od samog početka će im zapravo samo ukazivati na nesigurnost, i izazivati sumnju u vezi sa vašim motivima. Što je najgore, ono ne ostavlja prostora vašoj meti za imaginaciju. Odstupite malo; pustite da im misli koje u njima izazivate dođu kao da su njihove.

Pre bih slušala mog psa kako laje na vranu, nego muškarca kako se kune da me voli.

BEATRIČE U ŠEKPIROVOJ DRAMI *MNOGO BUKE NI OKO ČEGA*

U inicijalnim fazama zavođenja, morate naći način da primirite bilo kakvo osećanje nepoverenja koje neka druga osoba može da iskusi. (Osećanje opasnosti i straha može da poveća zavodljivost kasnije, ali ukoliko izazovete takve emocije u prvim fazama, najverovatnije ćete uplašiti metu.) Najčešće najbolji način jeste da izgledate bezazleno i da obezbedite sebi dovoljno manevarskog prostora da uspostavite prijateljstvo, polako se približavajući, dok ipak držite sve vreme distancu koja je odgovarajuća za prijatelje suprotnog pola. Prijateljske konverzacije sa vašim metama će vam doneti značajne informacije u vezi sa njihovim karakterom, njihovim ukusima, njihovim žudnjama iz detinjstva koje upravljaju njihovim ponašanjem kada su odrasli. Pored toga, time što provodite vreme sa vašim metama, činite da se one osećaju udobno pored vas. Verujući da ste zainteresovani samo za njihove misli, njihovo društvo, one će spustiti gard.

Sada su ranjivi, zato što je vaše prijateljstvo sa njima otvorilo zlatnu kapiju njihovog tela:

um. Od ovog trenutka, svaki olaki komentar, svaki olaki fizički kontakt, izazvaće drugačije misli, koje će ih zateći nespremnim: možda se nešto drugo događa među vama. Jednom kada se to osećanje uskovitlalo, zapitaće se zašto niste napravili nikakav potez, pa će sami preuzeti inicijativu, uživajući u iluziji da su oni ti koji kontrolišu stvari. Ne postoji ništa efektivnije u zavođenju od toga da učinite da zavedeni misli kako je on taj koji zavodi.

Simbol: Paukova mreža.

Pauk nalazi neki obični ugao u kome će isplesti mrežu. Što je duže pravi, zanosnija je njena konstrukcija, pa ipak retki je primete – njene tanke niti su skoro nevidljive. Pauk nema nikakvu potrebu da juri svoju hranu, ili čak i da se pokreće. Tiho sedi u ćošku, čekajući svoje žrtve, da dođu same od sebe.

3
Šaljite pomešane signale

Jednom kada ljudi postanu svesni vašeg prisustva, i možda blago zaintrigirani, morate da zadržite njihovo interesovanje pre nego što pređe na nekog drugog. Ono što je očigledno i upečatljivo možda će izazvati pažnju u prvom trenutku, ali ta pažnja je kratkog veka; na duge staze, dvosmislenost je mnogo potentnija. Većina nas je prilično očigledna – umesto toga, budite teški za razumevanje. Šaljite pomešane signale: i čvrste i blage, i duhovne i prizemne, i nevine i lukave. Mešavina ovih kvaliteta sugeriše dubinu, koja fascinira čak i kada zbunjuje. Maglovita, enigmatična aura će učiniti da ljudi požele da saznaju više. Stvorite takvu moć tako što ćete aktivirati nešto što je kontradiktorno u vama.

Ključ zavođenja

Zavođenje neće nikuda ići ukoliko ne privučete i ne zadržite žrtvinu pažnju, čime će vaše fizičko prisustvo postati proganjajuće mentalno prisustvo. Zapravo je veoma lako izazvati to inicijalno komešanje – nekim zavodljivim stilom oblačenja, sugestivnim pogledom, nečim ekstremnim u vezi sa vama. Ali šta je sledeće? Naši umovi su pretrpani slikama – ne samo putem medija nego i neredom svakodnevnog života. A mnoge od ovih slika su veoma uznemiravajuće. Postaćete samo još jedna osoba koja žudi za pažnjom; vaša privlačnost će proći osim ukoliko ne bacite mnogo izdržljiviju magiju koja će ljude terati da misle na vas u vašem odsustvu. To znači da izazovete njihovu imaginaciju, zbog čega će misliti da postoji mnogo više u vezi sa vama od onoga što vide. Jednom kada počnu da ulepšavaju sliku o vama svojim fantazijama, upecani su.

Nekolicini kritičara je zapalo za oko da u osmehu Mona Lize postoje dva bitna elementa. Oni su zajedno otkrili u lepoti firentinkinog izraza lica najperfektniju reprezentaciju kontrasta koji dominira erotiskim životom žene; kontrast između rezervisanosti i zavođenja, a između toga je najposvećenija nežnost i senzualnost koja je tako surovo zahtevajuća - ona proždire muškarce kao da su bića sa druge planete.

SIGMUNDFROJD, LEONARDO DA VINČI I USPOMENE NA NJEGOVO DETINJSTVO

Ovo mora, u svakom slučaju, da se radi od samog početka, pre nego što vaša meta sazna previše o vama i njihov utisak bude formiran. To bi trebalo da se dogodi istog momenta kada vas ugledaju. Slanjem pomešanih signala tokom tog prvog susreta, stvorićete malo iznenađenje, malu tenziju: izgledaćete kao da ste jedno (nevin, intelektualan, dovitljiv), ali takođe ćete im ubaciti zračak i nečeg drugog (đavolskog, stidljivog, spontanog, tužnog).

Neka stvari budu suptilne: ukoliko drugi utisak bude prejak, izgledaćete šizofreno. Ali neka se pitaju zašto ste stidljivi ili tužni ispod provokativnog intelektualnog humora, i imaćete njihovu pažnju.

Kako biste osvojili i zadržali pažnju, morate da pokažete atribute koji se protive vašoj fizičkoj pojavi, stvarajući dubinu i misteriju. Ukoliko imate milo lice i dašak nevinosti, neka nagoveštaji nečeg mračnog, čak možda i blago okrutnog budu prisutni u vašem karakteru. To se neće pojavljivati u vašim rečima, nego u vašim manirima. Ne brinite ukoliko je ovaj drugi kvalitet negativan, poput opasnosti, okrutnosti i amoralnosti; ljude će svakako privući ta enigma, a čista dobrota je retko kad zavodljiva. Zapamtite: niko nije prirodno misteriozan, bar ne zadugo; misterija je nešto na čemu morate da radite, vaša trijumf, i nešto što se mora upotrebiti veoma rano u zavođenju.

Igranje na kartu rodnih uloga je intrigantan paradoks koji ima dugačku istoriju u zavođenju. Najveći Don Žuani su uvek imali osećaj za lepotu i ženstvenost, i najatraktivnije kurtizane imale su neku muževnu crtu. Strategija, sa druge strane, je jedino moćna kada je samo nagoveštaj; ukoliko je mešavina previše očigledna, ili upadljiva, izgledaće bizarna ili čak preteća. Potencijalne varijacije ove teme su mešavine fizičke topline i emotivne hladnoće.

Moguće je da imate reputaciju da posedujete određeni kvalitet, što odmah pada na pamet kada ljudi pomisle na vas. Bolje ćete im zadržati pažnju ako im nekako nagovestite da ispod te reputacije neki drugi kvalitet vreba. Niko nije imao mračniju, grešniju reputaciju od Lorda Bajrona. Ono što je žene dovodilo do ludila jeste što je iza donekle hladne i nadmene spoljašnjosti može da se oseti da je zapravo bio veoma romantičan, čak i produhovljen. Bajron je ovo pokazivao melanholičnim karakteristikama i povremenim dobrim delima.

Duboko dirnute i zbunjene, mnogo žene su mislile da će upravo one biti te koje će ga vratiti dobroti, učiniti ga vernim ljubavnikom. Jednom kada je žena potpala pod takvu misao, bila je u potpunosti omađijana. Nije teško stvoriti tako zavodljiv efekat. Ukoliko ste poznati po tome što ste racionalni, recimo, dajte nagoveštaj da je nešto i iracionalno u vezi sa vama.

Ovi principi imaju primenu u nečemu što je mnogo više od seksualnog zavođenja. Kako biste držali pažnju široke publike, kako biste ih zaveli da misle o vama, morate da pomešate signale. Iskažite previše jednog kvaliteta – čak i ako je plemenit, kao što je znanje i efikasnost – i ljudi će osećati manjak humanosti kod vas. Mi smo kompleksni i dvosmisleni, prepuni kontradiktornih impulsa; ukoliko pokazujete samo jednu stranu, čak i ako je to dobra strana, ići ćete ljudima na živce. Posumnjaće da ste licemer. Svetla površina će imati dekorativan šarm, ali ono što vašem oku privlači pažnju na sliku je dubina polja, neobjašnjiva dvoznačnost, neopisiva kompleksnost.

Simbol: Pozorišna zavesa. Na bini, jarka crvena boja zavese privlači vaš pogled svojom hipnotičkom površinom. Ali ono što vas zaista fascinira i uvlači vas jeste pitanje šta se krije iza zavese – svetlost koja proviruje, nagoveštaj tajne, nešto što samo što se nije dogodilo. Osećate uzbuđenje voajera koji se sprema da gleda predstavu.

4
Izgledajte kao objekat požude – Stvarajte trouglove

Samo nekolicinu privlače osobe koje drugi izbegavaju ili zapostavljaju; ljudi se okupljaju oko onih koji su već privukli interesovanje. Želimo ono što drugi ljudi žele. Kako biste privukli bliže svoje žrtve i učinili ih željnim da vas poseduju, morate stvoriti auru poželjnosti – da budete poželjni i da vas mnogi dvore. To će postati pitanje taštine za njih da budu vaši objekti pažnje, da vas preotmu publici obožavalaca. Stvorite iluziju popularnosti time što ćete se okružiti pripadnicima suprotnog pola – prijateljima, bivšim ljubavnicima, trenutnim proscima. Stvarajte trouglove koji mogu da stimulišu rivalstvo i podižu vam cenu. Izgradite prethodno reputaciju: ako su mnogi podlegli vašem šarmu, mora da za to postoji razlog.

Ključ zavođenja

Mi smo društvena stvorenja, i duboko prožeti uticajima ukusa i želja drugih ljudi. Zamislite ogromno društveno okupljanje. Vidite čoveka koji je sam, sa kojim niko ne razgovara već neko vreme, i koji luta okolo bez društva; zar ne postoji neka samodovoljna ispunjenost u vezi sa njim? Zašto je sam, zašto ga izbegavaju? Mora da postoji razlog. Dok neko ne pokaže sažaljenje nad ovim čovekom i započne konverzaciju sa njim, izgledaće nepoželjno. Ali tamo, u drugom uglu, stoji žena koja je okružena ljudima. Oni se smeju njenim opaskama, i dok se smeju, i drugi se pridružuju grupi, privučeni dobrim raspoloženjem. Kada se kreće, ljudi je prate. Njeno lice sija od pažnje. Mora da postoji razlog za to.

U oba slučaja, naravno, ne mora da postoji neki određen razlog za to. Usamljen čovek možda ima u sebi šarma, što biste otkrili ako biste pričali sa njim; ali najverovatnije nećete. Poželjnost je društvena iluzija. Njen izvor nije u tome šta govorite ili radite, nego u osećanju da vas drugi ljudi žele. Izmeniti vaše interesovanje nečim dubljim, požudom, znači da morate učiniti da vas oni vide kao nekoga ko se ceni i za kime se žudi. Neka se ljudi takmiče za vašu pažnju, neka vas ljudi vide kao nekoga za kime svi žude.

Vaši obožavaoci mogu biti prijatelji ili prosci. Nazovite to efektom harema. Polina Bonaparte, Napoleonova sestra, podigla je svoju vrednost u

U vašu će korist ići da zabavite damu koju želite da osvojite brojem žena koje su zaljubljene u vas, i odlučnim postupcima kojima su krenuli na vas; jer ovime nećete dokazati samo to da ste čovek kojeg dame preferiraju, i čovek koji je častan, nego će je ubediti i da bi joj mogla pripasti čast da se uvrsti na istu listu, i da bi mogla da bude hvaljena na isti način, u prisustvu drugih vaših prijateljica. Ovo će je izuzetno ushititi.

LOLA MONTEZ, *UMETNOSTI I TAJNE LEPOTE*

očima muškaraca tako što je uvek bila okružena obožavaocima na balovima i priredbama. Ukoliko je izlazila u šetnje, nikad nije sa jednim čovekom, uvek sa dvojicom ili više njih. Možda su ovi ljudi bili jednostavno prijatelji, ili čak neki koji su za to bili unajmljeni; sam pogled na njih je bio dovoljan da sugeriše da je ona poželjna, žena za koju se vredi boriti. Endi Vorhol, takođe, okruživao se samo najglamuroznijim, najzanimljivijim ljudima koje je mogao da nađe. Biti deo njegovog unutrašnjeg kružoka je bio dovoljan znak da ste poželjni. On je izazivao ljudsku požudu za posedovanjem tako što se držao povučeno.

Ovakve prakse ne samo da stimulišu kompetitivne želje, one ciljalju na ljudske glavne slabosti: njihovu taštinu i samopouzdanje. Mi možemo podneti osećanje da je neka druga osoba talentovanija, ili ima više novca, ali osećanje da je rival poželjniji od nas – to je nepodnošljivo. U ranom XVIII veku, vojvoda Rišelje, veliki plejboj, uspeo je da zavede mladu ženu koja je bila veoma religiozna ali čiji muž, glupan, često nije bio kod kuće. Onda je počeo da zavodi njenu komšinicu sa sprata, mladu udovicu. Kada su dve žene otkrile da on ide od jedne do druge tokom iste noći, suočile su ga s tim. Čovek slabijeg kova bi pobegao, ali ne i vojvoda; on je razumeo dinamiku taštine i požude. Nijedna žena nije htela da oseti kako vojvoda preferira drugu više od nje. I tako je on uspeo da sredi jedan mali *menage a trois*, znajući da će se sada one boriti između sebe koja će mu biti omiljenija. Kada se radi o ljudskoj taštini, možete ih naterati da rade štagod želite. Prema Stendalu, ukoliko postoji neka žena za koju ste zainteresovani, obratite pažnju na njenu sestru. To će podstaći trougao požude.

Vaša reputacija – vaša čuvena prošlost jednog zavodnika – efikasan je način stvaranja aure poželjnosti. Žene su padale pod noge Erolu Filnu, ne zbog njegovog lepog lica, i sigurno ne zbog njegovih glumačkih sposobnosti, nego zbog njegove reputacije. Znale su da je neodoljiv drugim ženama. Jednom kada je uspeo da uspostavi tu reputaciju, više nije morao da juri žene; one su mu same dolazile. Vaša sopstvena reputacija ne mora da bude toliko privlačna, ali morate naći načina kako da sugerišete svojim žrtvama da drugi, kojih je mnogo, smatraju da ste poželjni. Ništa vas neće poput praznog restorana ubediti da ne treba da ulazite u njega.

Varijacija strategije trougla jeste da upotrebljavate kontraste: pažljiva eksploatacija ljudi koji su dosadni ili nezanimljivi može da pojača vašu poželjnost poređenjem sa njima. Kako biste iskoristili kontraste, razvijajte i pokazujte atraktivne atribute (humor, živahnost itd.) koji su najređi u vašoj društvenoj grupaciji, ili odaberite baš onu grupu u kojoj su vaši prirodni kvaliteti retki, i zasijaćete.

Naučite kako da iznesete kvalitete koji fale vašim rivalima. U trci za američkog predsednika 1980, neodlučnost Džimija Kartera je učinila da jednostrani Ronald Regan izgleda poželjno. Kontrasti su primetno zavodljivi zato što nisu zavisni od vaših reči ili samopromocije. Publika ih čita podsvesno i vidi ono što želi da vidi.

Na kraju, ako ste poželjni od strane drugih to će vam podići vrednost, ali često kako nosite ono što vam je imanentno može imati uticaja takođe. Ne dozvolite vašim metama da vas viđaju prečesto; držite distancu, izgledajte nedostižno, van njihovog domašaja. Objekat koji je redak i koji je teško dobiti je generalno više vrednovan.

Simbol: Trofej. Ono što čini da želite da osvojite trofej, i da na njega gledate kao na nešto što je vredno posedovanja, jeste prizor drugih takmaca. Neki, zbog dobrote, mogu poželeti da nagrade sve koji su učestvovali, ali tada trofej gubi svoju vrednosti. On mora da predstavlja ne samo vašu pobedu, nego i poraz svih ostalih.

5
Stvorite potrebu – Pobudite nervozu i nezadovoljstvo

Potpuno zadovoljna osoba ne može da bude zavedena. Tenzija i disharmonija moraju biti usađeni u umove vaših meta. Izazovite u njima osećanje nezadovoljstva, nesreće: njihovim životima fali avantura, izgubili su ideale njihove mladosti, dosadno im je. Osećanje nepodesnosti koje stvarate će vam pružiti prostor da im se približite, da u vama vide odgovor na svoje probleme. Patnja i anksioznost su odlična prethodnica zadovoljstvu. Naučite da proizvedete potrebe koju možete da zadovoljite.

Ključ zavođenja

Svi smo mi kao deo novčića koji deca polome na dva dela, i sačuvaju kao uspomenu - praveći tako dva od jednog - i svako od nas ostaje da zauvek traži polovinu sa kojom će se uklopiti... I tako sve ovo ostaje relikt onog izvornog stanja u kome smo bili celina, i sada, kada žudimo i tražimo tu prastaru celinu, kažemo da smo zaljubljeni.

ARISTOFANOVA BESEDA U PLATONOVOM *SIMPOZIJUMU*

U društvu svako nosi masku; pretvaramo se da smo sigurniji u sebe nego što jesmo. Ne želimo da ljudi vide tračke sumnje koje imamo u sebi. Istini za volju, naši egoi i ličnosti su mnogo lomljiviji nego što izgledaju; oni pokrivaju osećanja konfuzije i praznine. Kao zavodnik, nikada ne smete zameniti čoveku pojavnost sa realnošću. Ljudi su uvek podloži zavođenju, jer zapravo svakome fali osećaj zaokruženosti, već osećaju da duboko u njima nešto nedostaje. Izbacite njihove sumnje i anksioznosti na površinu i oni će vas slediti.

Pre nego što otpočnete proces zavođenja, morate postaviti ogledalo ispred ljudi u kojem mogu da uvide svoju unutrašnju prazninu. Svesni nedostatka, oni se sada fokusiraju na osobu koja može da im popuni to prazno mesto. Zapamtite: većina nas je lenja. Otkloniti osećanje dosade ili nepodesnosti zahteva previše truda; prepustiti nekome drugom da uradi taj posao je i lakše i uzbudljivije. Želja da neko ispuni našu prazninu jeste slabost koju svi zavodnici love. Učinite da se ljudi osećaju anksiozno po pitanju svoje budućnosti, učinite da se osećaju depresivno, učinite da preispituju svoj identitet, učinite da osete dosadu koja im pritiska život. Zemljište je spremno. Seme zadovoljenja može biti posejano.

Vaš zadatak zavodnika je da napravite ranu vašoj žrtvi, ciljajući njena osetljiva mesta. Ono što želite da postignete jeste nesigunost koju možete da malo proširite, nervozu koja se najlakše može otkloniti pored druge osobe, naročito pored vas. Moraju osetiti tu ranu pre nego što se zaljube.

U vašoj ulozi zavodnika, pokušajte da se pozicionirate kao neko ko dolazi spolja, kao neka vrsta stranca. Vi predstavljate promenu, razliku, prekid rutine, nagoveštaj egzotičnosti. Zapamtite: ljudi osećaju da ukoliko je njihov život nezanimljiv, to nije zbog njih, nego zbog okolnosti, zbog dosadnih ljudi koje znaju, grada u kojem su rođeni. Jednom kada osete nagoveštaj egzotičnog, zavođenje teče lako.

Još jedna đavolski zavodljiva oblast koju treba ciljati jeste žrtvina prošlost. Ostariti znači odreći se ili praviti kompromis sa idealima iz mladosti, postati manje spontan, manje živ u neku ruku. Kao zavodnici, moramo izbaciti ovo na površinu, učiniti očiglednim kako su ljudi odlutali od svojih ciljeva i idela. Vi, sa druge strane, predstavljate se za nekoga ko reprezentuje taj ideal, kao neko ko će omogućiti da se ostvare ideli iz mladosti putem avanture – putem zavođenja.

Ovaj koncept ima beskonačne primene. Korporacije i političari znaju da ne mogu da nateraju publiku da kupuju ono što oni žele ili da rade ono što oni žele, ukoliko najpre ne pobude u njima osećanje potrebe i nezadovoljstva. Učinite da se mase osećaju nesigurno po pitanju svog identiteta i vi ćete onda moći da im pomognete da oblikuju taj identitet. To važi za bilo

Požuda i ljubav imaju za svoje objekte stvari ili kvalitete, ne one koje čovek u tom trenutku poseduje, već one koji mu nedostaju.

SOKRAT U PLATONOVOM *SIMPOZIJUMU*

koju grupu ili naciju, kao što važi i za individue: ne možet ih zavesti bez da učinite da se osećaju kako im nešto fali.

Deo strategije Džona F. Kenedija na izborima 1960. je bio da učini da se Amerikanci osećaju loše povodom pedesetih, i zbog toga koliko je zemlja odlutala od svojih ideala. Tokom razgovora o pedesetima, on nije pominjao ekonomsku stabilnost ili pretvaranje Amerike u supersilu. Umesto toga, implicirao je da je taj period obeležio konformitet, manjak rizika i avanture, gubitak glavnih vrednosti. Glasati za Kenedija značilo je prihvatiti kolektivnu avanturu, vratiti se idealima od kojih smo odustali. Ali pre nego što mu se bilo ko pridružio u njegovom krstaškom ratu, morali su postati svesni toga koliko su izgubili, šta im nedostaje. Grupa, kao i individua, može da utone u rutinu, da izgubi kontakt sa svojim izvornim ciljevima. Vi možete da zavedete čitavu naciju time što ćete ciljati na njihovu kolektivnu nesigurnost, to latentno osećanje da nisu sve stvari onakvim kakvim se čine. Izazivanje nezadovoljstva sadašnošću i podsećanje na slavnu prošlost može da poljulja njihov identitet. Onda, vi možete postati taj koji će to redefinisati – veliki zavodnik.

Simbol – Kupidonova strela. Ono što pobuđuje požudu u zavođenju nije blag pristup i osećaj prijatnosti; to je rana. Strela stvara bol, potrebu za olakšanjem. Ciljajte strelom u žrtvino najslabije mesto, stvarajući time ranu koju možete uvek iznova da otvarate.

6
Ovladajte umetnošću insinuacije

Učiniti vašu metu nezadovoljnom i željnom vaše pažnje je esencijalno, ali ukoliko ste previše očigledni, oni će vas prozreti i postati defanzivni. Međutim, nije poznato da postoji odbrana od insinuacije – umetnosti usađivanja ideja u ljudske umove tako što se daju nagoveštaji koji će pustiti korenje u danima koji dolaze, pa ih oni mogu čak prepoznati i kao sopstvene ideje. Insinuacija je vrhunsko sredstvo za uticanje na ljude. Stvorite podjezik – smele izjave koje prati njihovo povlačenje i izvinjenje, dvosmisleni komentari, banalni razgovori u kombinaciji sa primamljivim pogledima – to je ono što ulazi u podsvest žrtve i prikriva pravo značenje. Učinite sve sugestivnim.

Ključ zavođenja

Ono što razlikuje sugestiju od drugih vrsta psihičkog uticaja, kao što su komande ili pružanje delova informacija ili instrukcija, jeste to što u ovom slučaju sugestija neke ideje proističe iz mozga druge osobe i ne dovodi se u pitanje njeno poreklo, već se prihvata kao misao koja se pojavila spontano u tom mozgu.

SIGMUND FROJD

Kroz život prolazite tako što na ovaj ili onaj način pokušavate da ubedite ljude u nešto. Budite direktni, govorite tačno ono što mislite i možda ćete se osećati dobro po pitanju sebe, ali to vas neće odvesti nikuda. Ljudi imaju svoj sopstveni sistem ideja, koje navike očvrsnu kao kamen. Vaše reči, koje ulaze u njihove umove, takmiče se sa hiljadama stečenih ubeđenja koja su već tamo, i to ne vodi nikuda. Pored toga, ljudi se opiru vašim pokušajima da ih ubedite u nešto, kao da su nesposobni da sami donose odluke – kao da vi bolje znate stvari od njih. Porazmislite o moći insinuacije i sugestije. To podrazumeva strpljenje i umeće, ali rezultati su vredni toga.

Način na koji insinuacije funkcionišu je jednostavan: maskiran u banalnu opasku ili susret, i nagoveštaj je isporučen. Uvek je u vezi sa nekom emotivnom temom – moguće zadovoljstvo do kojeg se još nije stiglo, manjak uzbuđenja u životu neke osobe. Nagoveštaj se registruje negde u malom mozgu, suptilni ubod u njegove ili njene nesigurnosti; i njen izvor je brzo zaboravljen. Previše je suptilan da bi se zapamtio u tom trenutku, a kasnije, kada pusti korenje i naraste, izgledaće kao da se prirodno pojavio u metinom umu, kao da je sve vreme bio tamo. Insinuacije vam dozvoljavaju da zaobiđete prirodni otpor ljudi, jer se čini da oni slušaju samo ono što je izvorno bilo u njima od početka. To čini sam jezik, komunicirajući direktno sa podsvesnim. Nijedan zavodnik, nijedan čovek koji želi da ubedi nekoga, ne može se nadati uspehu ukoliko ne ovlada jezikom i umetnošću insinuacije.

Kako biste posejali zavodljivu ideju moraćete da aktivirate ljudima imaginaciju, njihove fantazije, njihova najdublja stremljenja. Ono što pokreće celu stvar je sugerisanje onoga što ljudi žele da čuju – mogućnost zadovoljstva, bogatstva, zdravlja, avanture. Na kraju, ove dobre stvari se ispostavljaju kao upravo ono što ste im vi naizgled i ponudili. One će vam doći naizgled same od sebe, nesvesni da ste im vi insinuirali određenu ideju.

Pogledi su teška artiljerija u flertovanju: sve se može poručiiti njime, pa ipak taj se pogled u vek može odbiti, jer se ne može citirati reč po reč.

STENDAL

Omaške u govoru, zavodljive reference, izjave zbog kojih se odmah izvinite – sve ovo ima neverovatnu insinuativnu moć. One se uvlače ljudima pod kožu kao otrov, i vode neki svoj život. Ključ zavođenja ovim insinuacijama jeste da ih pravite kada su vaše mete najrelaksiranije ili su dekoncentrisane, tako da nisu svesne šta se dešava. Pristojne pošalice su često najbolja fasada za tako nešto; ljudi razmišljaju šta će sledeće reči, ili su zaokupljeni sopstvenim mislima. Vaše insinuacije će se jedva i registrovati, što je upravo ono što želite.

Ne insinuiraju samo reči; obratite pažnju na pokrete i izgled. Blagi fizički kontakt insinuira požudu, kao što čini i neočekivani ton glasa, ali ukoliko su obe stvari veoma kratke. Lice koristi svoj sopstveni jezik. Naviknuti smo da pokušavamo da čitamo ljudska lica, koja su obično bolji indikatori njihovih osećanja od onoga što govore, jer je reči lako kontrolisati. Pošto ljudi uvek čitaju vaš izgled, koristite to da prenesete insinuirajuće signale koje odaberete – nestalan ali nezaboravan pogled, na primer.

Konačno, razlog zbog kojeg insinuacija funkcioniše tako dobro ne leži samo u tome što zaobilazi ljudska osećanja. To je takođe i jezik zadovoljstva. Premalo je misterija na svetu; previše ljudi govori upravo ono što oseća i misli. Mi žudimo za nečim enigmatičnim, za nečim što će nahraniti naše fantazije. Zbog manjka sugestivnosti i dvosmislenosti u svakodnevnom život, čovek koji ih koristi odjednom počinje da ima nešto poželjno i prepuno obećanja u sebi. To je kao neka igra uzbuđivanja – šta smera ova osoba? Nagoveštaji, sugestije i insinuacije stvaraju atmosferu zavođenja, signalizirajući da žrtva više nije upletena u rutine svakodnevnog života, već je ušla u potpuno drugu oblast.

Simbol: Seme. Zemljište je pažljivo pripremljeno. Semenje je položeno mesecima unapred. Jednom kada se nađu u zemlji, niko ne zna koja ih je ruka tu bacila. Oni su deo zemlje. Prerušite vaše manipulacije tako što ćete posaditi seme koje će samo od sebe razviti korov.

7
Uđite u njihov duh

Većina ljudi je zaključana u svojim sopstvenim svetovima, što ih čini tvrdoglavim i teškim za ubeđivanje. Način da ih izmamite iz njihovih oklopa i krenete sa zavođenjem jeste da uđete u njihov duh. Igrajte po njihovim pravilima, uživajte u onome u čemu oni uživaju, adaptirajte se na njihova raspoloženja. Čineći to, vi ćete napasti njihov duboko ukorenjen narcizam i oslabićete njihovu odbranu. Hipnotizirani slikom u ogledalu koju vi predstavljate, oni će se otvoriti, postati ranjivi pred vašim suptilnim uticajima. Relativno brzo možete zameniti dinamiku: jednom kada uđete u njihov duh možete ih naterati da oni uđu u vaš, u tački u kojoj je prekasno za povratak. Udovoljite svakom raspoloženju i kapricu vaše mete, ne ostavljajući im ništa protiv čega treba da reaguju ili da se opiru.

Žene nisu opuštene, osim sa onima koji rizikuju s njima, i koji ulaze u njihov duh.

NINON DE LANKLO

Ključ zavođenja

Jedan od velikih izvora frustracije u našim životima je tvrdoglavost drugih ljudi. Koliko je teško dosegnuti do njih, učiniti da gledaju na stvari vašim očima. Često imamo utisak da kad izgledaju kao da nas slušaju, i naizgled se slažu sa nama, da je to sve površno – čim nas nema, oni se vraćaju svojim idejama. Ceo život možemo provesti upirući u ljude, kao da su kameni zidovi. Ali umesto da se žalite kako ste neshvaćeni ili kako vas ignorišu, zašto ne pokušate nešto drugo: umesto da gledate na druge ljude kao da su indiferentni i pakosni, umesto što pokušavate da prokljuvite zašto postupaju tako kako postupaju, gledajte na njih kao zavodnik. Način da izmamite ljude napolje iz njihove tvrdoglavosti i samoopsednutosti jeste da uđete u njihov duh.

Svi smo mi narcisi. Kada smo bili deca, naš narcizam je bio fizički: bili smo zainteresovani samo za sliku o samom sebi, našem telu, kao da je neko drugo biće u pitanju. Kako starimo, naš narcizam postaje sve više psihološki: postajemo obuzeti našim sopstvenim ukusima, mišljenjima, iskustvima. Tvrd oklop se formira oko nas. Paradoksalno, da biste izmamili ljude iz njihove ljušture morate više ličiti na njih, zapravo morate da im postanete odraz u ogledalu. Ne morate dane i dane trošiti na proučavanje njihovih umova; jednostavno se prilagodite njihovom raspoloženju, prilagodite se njihovom ukusu i bilo čemu što vam pošalju kao informaciju. Čineći tako, vi ćete spustiti njihovu prirodnu defanzivnost. Ljudi zaista vole sebe, ali ono što vole više od svega jeste da vide svoje ideje i svoj ukus kako se reflektuju u drugoj osobi. Ovime dobijaju potvrdu. Njihove habitualne nesigurnosti nestaju. Budući hipnotizirani svojim odrazom u ogledalu, oni se opuštaju. Sada možete polako da ih izvučete napolje.

Razlike među polovima su ono što ljubav i zavođenje čini mogućim, ali to takođe podrazumeva i element straha i nepoverenja. Žena se može bojati muške agresivnosti i nasilnosti; muškarac najčešće nije sposoban da uđe u ženin duh, pa stoga ostaje stran i preteći. Najveći zavodnoci u istoriji su odrastali okruženi ženama i sami su posedovali dašak ženstvenosti u sebi. Filozof Seren Kjerkegor preporučuje da se više vremena provodi sa suprotnim polom, kako bi se upoznao „neprijatelj" i njegove slabosti, da biste mogli da ovo znanje upotrebite kao svoju prednost.

Od svih taktika zavođenja, ulazak u tuđ duh je možda najđavolskija. Ono pruža žrtvi osećanje da vas zavodi. Činjenica da joj udovoljavate, imitirate i ulazite u njihov duh, sugeriše da su vas očarali. Vi tada niste opasni zavodnik od koga se treba plašiti, već neko ko je popustljiv i ne predstavlja pretnju. Pažnja koju im posvećujete je opijajuća – pošto im predstavljate odraz u ogledalu, sve što vide i čuju od vas reflektuje se u njihovom egu i ukusu. Kakav podsticaj njihovoj taštini! Sve ovo se predstavlja kao zavođenje, niz manevara koji će preokrenuti dinamiku. Jednom

Želja za dvojnik suprotnog pola koji apsolutno podseća na nas a ostaje drutgi, za magijskim stvorenjem koje je svoje a poseduje prednost, za svim našim snatrenjima, za autonomnom egzistencijom... Pronalazimo tragove toga čak i u najbanalnijim okolnostima ljubavi... Velike, nepomirljive ljubavne strasti su sve povezane sa činjenicom da biće zamišlja da vidi svoje najskrivenije kako ga špijunira iza zavese drugih očiju.

Robert Muzil

kada im je odbrana spuštena, oni su otvoreni za vaše uticaje. Uskoro ćete vi početi da vodite ples, pa će, bez da su i shvatili promenu, osetiti kako oni počinju da ulaze u vaš duh.

Simbol: Lovčevo ogledalo. Ševa je ukusna ptica, ali teško ju je uhvatiti. U polju, lovac postavlja ogledalo na postolje. Ševa sleće ispred njega, okreće se napred i nazad, privučena svojom pokretnom slikom i svadbenim plesom pred parenje koji se odvija pred njenim očima. Hipnotizirana, ptica gubi osećaj za svoje okruženje, sve dok je lovac ne uhvati ispred ogledala.

8

Stvorite iskušenje

Namamite metu duboko u proces vašeg zavođenja, time što ćete stvoriti odgovarajuće iskušenje: zračak zadovoljstva koje sledi. Kao što je zmija zavela Evu obećanjem o zabranjenom znanju, morate pobuditi požudu u vašoj meti koju ona ne može da kontroliše. Pronađite im slabosti, tu fantaziju koja tek treba da se realizuje, i nagoveštaj da ih možete odvesti od nje. To može biti bogatstvo, može biti avantura, može biti zabranjeno zadovoljstvo, ali ključ je u tome da bude maglovito. Mašite im nagradom pred nosem, odlažući zadovoljstvo, i pustite da njihovi umovi obave ostalo. Budućnost je puna mogućnosti. Stimulišite znatiželju koja je jača od sumnji i anksioznosti koje idu s njom, i oni će vas pratiti.

Ti snažni zavodniče, Priliko.

Džon Drajden

Ključ zavođenja

Većinu vremena, ljudi se bore da očuvaju sigurnost i osećaj ravnoteže u svojim životima. Ukoliko bi se uvek prepuštali poteri za svakom novom osobom ili fantazijom koja prođe mimo njih, ne bi mogli da prežive svakodnevno dirinčenje. Obično pobeđuju u borbi, ali to ne biva lako. Svet je pun izazova. Oni čitaju o ljudima koji imaju više od njih, o avanturama koje se drugima događaju, o ljudima koji su došli do bogatstva i sreće. Sigurnost kojoj oni teže i za koju se čini da je imaju u svojim životima nije ništa drugo do iluzije.

Kao zavodnik, nikada ne smete pomešati pojavu ljudi i realnost. Znate da borba koju vode u svojim životima jeste iscrpljujuća. teško je biti dobar i plemenit; uvek morati potisnuti najjače požude. Imajući to na umu, zavođenje je lako. Ono što ljudima treba nije iskušenje; iskušenje se događa svakog dana. Ono što ljudima treba je da se prepuste tom iskušenju, da se potčine. To je jedini način da se oslobode tenzije u svom životu.

Dakle, vaš zadatak je da stvorite iskušenje koje je jače od svakodnevnih izazova. Mora da bude fokusirano na njih, da bude usmereno na njih kao individue – na njihove slabosti. Shvatite: svako ima neku glavnu slabost, iz koje se granaju sve ostale. Otkrijte tu nesigunost iz detinjstva, taj manjak u njihovim životima, i držaćete ključ njihovog iskušenja u svojim rukama. Njihova slabost može biti pohlepa, taština, dosada, neka duboko potisnuta želja, glad za zabranjenim voćem. Oni će vam to signalizirati malim detaljima koji beže njihovoj svesnoj kontroli: njihov stil odevanja, usputni komentari... Njihova prošlost, naročito njihove bivše ljubavi, biće prepune tragova. Dajte im neko potentno iskušenje, skrojeno prema njihovim slabostima, i možete učiniti da nada u zadovoljenje koju ste u njima probudili može da bude prisutnija od sumnji ili anksizonosti koje je prate.

Jedini način da se otarasite iskušenja jeste da mu se pokorite.

Oskar Vajld

Dete nema dovoljno snage da se opire. Ono želi sve, sad, i retko kada misli na posledice. Dete laže, vrebajući svakoga – zadovoljstvo koje im je uskraćeno, želja koja je potisnuta. Pogodite tu tačku, namamite ih odgovarajućom igračkom (avanturom, novcem, zabavom), i oni će odbaciti svoje obične odgovornosti odrasle osobe.

Iskušenje je proces koji se sastoji iz dva dela. Prvo ste koketni, flertujete; stimulišete požudu i distrakciju od svakodnevnog života. Istovremeno, najočiglednije pokazujete vašim metama da ne mogu da vas imaju, barem ne odmah. Uspostavljate barijeru, neku vrstu tenzije. Barijere i tenzije u iskušenju su tu da bi zaustavile ljude da se prelako predaju i da budu previše površni. Vi želite da se oni bore, da se odupiru, da budu anksiozni.

Ove barijere su suptilnije od onih društvenih i religioznih, ali one su svakako barijere, a psihologija ostaje ista. Ljudi su perverzno uzbuđeni onime što ne mogu ili ne bi trebalo da imaju. Stvorite u njima ovaj unutrašnji konflikt – tu je uzbuđenje i interesovanje, ali vi ste nedostupni, a vi ćete im omogućiti da jurcaju za onim što ne mogu da dosegnu.

Na kraju, najpotentnija iskušenja često uključuju psihološke tabue i zabranjeno voće. Treba da nađete neku tajnu požudu koja će naterati vašu žrtvu da cvili od neprijatnosti ukoliko je ubodete, ali će ih dovesti samo do još više iskušenja. To može biti potreba za majčinskom ili očinskom figurom, ili latentna homoseksualna želja. Možda možete da ovome udovoljite time što ćete se predstaviti kao muževna žena ili ženstveni muškarac. Za druge ćete igrati Lolitu, ili tatu – nekoga koga oni ne bi trebalo da imaju, mračnu stranu njihove ličnosti. Onda, tu su mazohisti, oni koji potajno žele neki bol. Uvek im možete namamiti nečime što izgleda kao da je teško, izazivajuće, čak i pomalo okrutno.

Simbol: Jabuka iz rajskog vrta. Voće kao da vas doziva, a vi ne bi trebalo da ga jedete; zabranjeno je. Ali to je upravo pravi razlog zbog kojeg mislite na njega svakog dana i noći. Vi to vidite, ali ga ne možete imati. A jedini način da se rešite ovog iskušenja jeste da se prepustite i kušate voće.

9
Držite ih u neizvesnosti – Šta je sledeće

U trenutku u kome ljudi shvate šta mogu da očekuju od vas, vaša magija je gotova. Osim toga: ustupili ste im moć. Jedini način da navodite onoga koga zavodite jeste da održavate saspens, sračunato iznenađenje. Ljudi vole misterije, a ovo je ključ za to kako da ih namamite još dublje u svoju mrežu. Ponašajte se tako da se zapitaju: Šta namerava ovaj? Radeći nešto što oni ne očekuju, vi ćete im pružiti očaravajuće osećanje spontanosti – oni neće moći da predvide šta će se sledeće desiti. Uvek ste jedan korak ispred svega i kontrola je u vašim rukama. Predočite žrtvi neko ubeđenje, a onda naglo promenite smer.

Računam da ću osvojiti francuski narod na prepad. Smelo delo će poremetiti ravnodušnost ljudi, i biće zapanjeni velikom novinom.

NAPOLEON BONAPARTA

Ključ zavođenja

Dete je obično željno, tvrdoglavo stvorenje koje će uvek raditi suprotno od onoga što mu se kaže. Ali postoji jedan scenario u kojem se deca rado odriču svoje volje: onda kada im se obeća iznenađenje. Možda je to poklon sakriven u kutiji, igra sa nepredvidljivim krajem, put na neku nepoznatu destinaciju, napeta priča sa neočekivanim krajem. U tim trenucima kada deca čekaju iznenađenje, njihova moć volje je suspendovana. Oni su u vašoj vlasti dokle god im mašete nekom mogućnošću pred nosem. Ova detinjasta navika je zakopana duboko u nama i izvor je elementarnog ljudskog zadovoljstva: biti vođen od strane osobe koja zna kuda ide i koja vas odvodi na put. (Možda naša radost koja potiče od toga kada nas neko povede nekud potiče od uspomena na to kako su nas doslovno nosili roditelji, kada smo bili mali.)

Dobijamo slično uzbuđenje kada gledamo film ili čitamo triler: u rukama smo režisera ili autora koji nas vodi sa sobom kroz zaplete i raspiete. Ne ustajemo iz sedišta, ne ispuštamo knjigu, radosno zarobljeni saspensom. To je zadovoljstvo koje žena ima dok je vodi iskusan plesač, odustajući od bilo kakve uzdržanosti koju je možda osetila i prepuštajući nekoj drugoj osobi da obavlja sav posao. Zaljubljivanje uključuje anticipaciju; spremamo se da krenemo u novom pravcu, da uđemo u nov život, gde će sve biti drugačije. Zavedeni želi da ga vode, da ga nose kao da je dete. Ukoliko ste predvidljivi, šarm će nestati; svakodnevni život je predvidljiv. Vaša meta nikad ne sme saznati šta je sledeće što dolazi. Kao i kod dece, njihova prirodna volja će biti suspendovana koliko god dugo možemo da ih držimo u neizvesnosti.

Ovo uvek važi kao zakon zanimljivosti ... Ukoliko znate kako da iznenadite, uvek ćete pobeđivati u igri. Energija osobe koja učestvuje će biti privremeno odložena; biće onemogućeno da se reaguje.

SEREN KJERKEGOR

Najbolje od svih iznenađenja jeste ono koje otkriva nešto novo u vezi sa vašim karakterom. Ovo se mora uspostaviti. Tokom tih nekoliko prvih nedelja, vaša meta će se truditi da donese ishitrene zaključke o vama, baziranim na vašoj pojavi. Možda na vas gledaju kao na nekoga ko je malo stidljiv, praktičan, puritanac. Vi znate da ovo niste zaista vi, nego kako se ponašate u društvenim situacijama. Pustite ih, ipak, da imaju ove utiske, čak ih i malo naglašavajte, bez preglumljivanja: na primer, izgledajte malo uzdržaniji nego što jeste. Sada imate prostora da ih iznenadite nekim smelim, ili poetičnim ili nevaljalim potezom. Kada su promenili svoje mišljenje o vama, opet ih iznenadite. Dok se bore kako da vas prokljuve, razmišljaće o vama sve vreme.

Iznenađenje stvara trenutak kada ljudska odbrana opada i nove emocije mogu da nahrupe unutra. Ukoliko izazov pruža užitak, zavodnički otrovi ulaze u njihove vene bez da su oni to shvatili. Bilo koji iznenadni događaj ima sličan efekat, napadajući naše emocije direktno i pre nego što stignemo da se odbranimo.

Ne samo da naša iznenadnost stvara zavodljiv potres, on prikriva manipulacije. Pojavite se negde neočekivano, recite ili učinite nešto skriveno i ljudi neće imati vremena da shvate da je vaš potez zapravo bio proračunat. Odvedite ih na neko novo mesto kao da vam je to upravo palo na pamet, i odjednom otkrijte neku tajnu. Dok su oni emotivno ranjivi, biće previše zbunjeni da vas prokljuve. Sve što se dogodi niotkuda čini se prirodnim, i sve što se čini prirodnim jeste zavodljivo.

Ukoliko ste pod okom javnosti, morate naučiti trikove iznenađenja. Ljudi su smoreni, ne samo od svojih života, nego i od ljudi koji bi trebalo da ih sačuvaju od dosade. Istog minuta kada osete da mogu da predvide vaš sledeći korak, živog će vas pojesti. Umetnik Endi Vorhol je išao iz jedne inkarnacije u drugu, i niko nije uspevao da predvidi onu koja sledi – umetnik, režiser, društvena figura... Uvek čuvajte iznenađenje u svom rukavu. Neka se pitaju kako ste sačuvali pažnju javnosti. Neka vas moralisti optužuju za neiskrenost, ili da nemate srž. Oni su zapravo ljubomorni na slobodu i razigranost koju otkiva vaša javna persona.

Simbol: Rolerkoster. Kabina se lagano penje na vrh, a zatim se odjednom survava u prostor, baca vas u stranu, gore-dole, u svakom mogućem pravcu. Oni koji se voze urlaju i smeju se. Ono što ih uzbuđuje jeste to što se puštaju, što dozvoljavaju nekome drugom da preuzme kontrolu, ko ih pokreće u neočekivanim pravcima. Koja li su nova uzbuđenja koja ih čekaju iza ugla?

10
Iskoristite demonsku moć reči da posejete konfuziju

Teško je naterati ljude da slušaju; obuzeti su svojim sopstvenim mislima i željama, i imaju malo vremena za vaše. Trik je u tome da ih naterate da slušaju šta imaju da kažu, da im punite uši onime što im je prijatno da čuju. Ovo je esencija jezika zavođenja. Zapalite ljudima emocije frazama, laskajte im, udovoljite njihovim nesigurnostima, uvijte ih u fantazije, slatke reči i obećanja, i ne samo da će vas slušati, oni će izgubiti sposobnost da vam se odupru. Neka vaš jezik bude nejasan, jer će tako moći da učitaju u njega šta god da požele.

Stoga, osoba koja ne ume da piše pisma i poruke nikada neće postati opasan zavodnik.

Seren Kjerkegor

Ključ zavođenja

Retko razmislimo pre nego što kažemo nešto. U ljudskoj je prirodi da kažu prvo što im padne na pamet – i obično je to nešto u vezi sa nama samima. Primarno koristimo reči da iskažemo naša osećanja, ideje i stavove. (Takođe i da se žalimo i svađamo.) Ovo je zbog toga što smo generalno zaljubljeni u sebe – osoba koja nas najviše interesuje smo mi sami. U izvesnoj meri ovo je neizbežno, i tokom većeg dela našeg života ovome ništa ne fali; možemo da funkcioniše veoma dobro na ovaj način. U zavođenju, sa druge strane, to ograničava naš potencijal.

Ne možete zavesti bez mogućnosti da izađete iz sopstvene kože i uđete u tuđu. Ključ je u tome da reči koristite ne za komunikaciju iskrenih misli i osećanja, nego za zbunjivanje, oduševljavanje i uticanje.

Razlika između normalnog jezika i jezika zavođenja je kao razlika između buke i muzike. Buka je konstanta u modernom životu, nešto iritantno što stišavamo kad god možemo. Naš normalan jezik je kao buka – ljudi će nas napola slušati dok pričamo o nama samima, ali u većini slučajeva naše misli su milionima milja daleko.

Muzika je, sa druge strane, zavodljiva, i uvlači nam se pod kožu. Namenjena je za uživanje. Melodija ili ritam ostaju u našoj krvi danima pošto je čujemo, menjajući naše raspoloženje i emocije, opuštajući nas i uzbuđujući. Da biste stvarali muziku umesto buke, morate govoriti stvari koje udovoljavaju ljudima – stvari koje se tiču života ljudi, koje titraju njihovoj taštini. Obećanja i laskanja su muzika za svačije uši. Ovo su reči koje su osmišljene tako da pokreću ljude i umanjuju njihov otpor.

Taj koji poseduje jezik, velim, čovek nije, / ukoliko jezikom ne može da osvoji ženu

Vilijem Šekspir

Laskanje je jezik zavođenja u svojoj najčistijoj formi. Njena svrha nije da iskaže istinu ili pravo osećanje, nego samo da stvori efekat kod recipijenta. Naučite kako da nanjušite delove ega neke osobe kojima je potrebna potvrda i onda usmerite vaše laskanje direktno takvim nesigurnostima.

Najnezavodljiviji oblik jezika je argument. Koliko neprijatelja stvorimo argumentovanjem? Ne postoji superiorniji način da nateramo ljude da nas slušaju i da ih tako ubedimo u nešto: humor i blagi dodir. Smeh i aplauz imaju domino efekat: jednom kada se vaši slušaoci nasmeju, verovatno će se nasmejati opet.

Ukoliko govorite pred grupom ljudi, vaš jezik zavođenja bi trebalo da cilja na emocije vaše publike, jer je emotivne ljude lakše zavesti. Svi dele emocije, i niko se ne oseća inferiorno pred govornikom koji te emocije uzburka. Emocije koje želite da izazovete bi trebalo da budu jake. Ne govorite o prijateljstvu i neslaganju; govorite o ljubavi i mržnji. Krucijalno je da pokušate da osetite nešto od emocija koje pokušavate da izazovete. Bićete uverljiviji na taj način.

Cilj jezika zavođenja najčešće je da stvorite neku vrstu hipnoze: skrećete pažnju ljudima, spuštate im gard, činite ih podložnijim sugestijama. Naučite hipnotizerske lekcije iz repeticije i potvrđivanja. Afirmacija je jednostavno pravljenje jakih pozitivnih izjava, kao što su hipnotičareve komande. Jezik zavođenja bi trebalo da ima smelosti, koje će pokriti mnoštvo grešnosti. Vaša publika će biti uhvaćena u vaš smeo jezik, za koji neće imati vremena da razmišljaju da li je istinit ili nije.

Naučite da inkorporirate jezik zavođenja u vaše pisanje, naročito u pisma koja šaljete svojim metama. Intimnim pismom vi kontrolišete u potpunosti dinamiku, i možete da pokrećete emocije važe žrtve u pravom smeru, da ih inficirate požudom. Najbolje je da ne započinjete vašu korespondenciju najmanje nekoliko nedelje nakon inicijalnog kontakta. Pustite da vaše žrtve steknu neki utisak u vezi sa vama: izgledaćete intrigantno, a ipak nećete pokazati nikakvo konkretno interesovanje za njih. Kada osetite da razmišljaju o vama, to je trenutak kada treba da im pošaljete prvo pitanje.

Pismo može izgledati neuredno, da skače sa jedne teme na drugu. Očigledno vam je teško da razmišljate; vaša ljubav vas je rastrojila. Rastrojene misli su uzbuđene misli. Ne mojte postati sentimentalni – to zamara, i previše je direktno. Bolje je da nagovestite efekat koji vaša meta ima na vas nego da trtljate o tome kako se osećate. Ostanite nejasni i dvosmisleni, pružite čitaocu prostor da zamišlja i fantazira.

Koristite jezik da biste uzburkali seksualne konotacije ili, još bolje, predložili seksualnost

time što ćete skraćivati pisma, činiti ih frekventnijim i čak nesređenijim nego pre. Ništa nije erotičnije nego kratka, iznenadna poruka. Vaše misli su nezavršene; može ih završiti samo druga osoba.

Simbol: Oblaci. U oblacima je teško da vidiš pravi oblik stvari. Sve se čini nejasnim; imaginacija podivlja, vidi stvari kojih nema. Vaše reči moraju podići ljude u oblake, gde im je lako da se izgube.

11
Obratite pažnju na detalje

Uzvišene reči i veliki gestovi mogu biti sumnjivi: zašto se toliko trudite da udovoljite? Detalji zavođenja – suptilni postupci, usputne stvari koje radite – često su šarmantniji. Morate naučiti kako da skrenete pažnju svoje žrtve mnoštvom prijatnih malih rituala – preduzimljivim darovima skrojenim baš po njihovoj meri, odećom i ukrasima napravljenim da im udovolje, gestovima koji pokazuju da ste vreme i pažnju posvetili baš njima. Sva njihova čula će biti iskorišćena za detalje koje vi orkestrirate. Napravite spektakl kojim ćete ih očarati; a očarani onime što vide, oni će videti za šta ste sve sposobni. Naučite kako da im predstavite odgovarajuća osećanja i raspoloženja putem detalja.

Ključ zavođenja

Kada smo bili deca, naša čula su bila mnogo aktivnija. Boje nove igračke, ili spektakli poput cirkusa, oduševljavali su nas; sam miris ili zvuk je znao da nas fascinira. U igrama koje smo stvarali, od kojih su mnoge oponašale nešto iz sveta odraslih samo u manjoj meri, kakvo smo zadovoljstvo imali u orkestriranju svakog detalja. Primećivali smo sve.

Kako smo starili, naša čula su sve više otupljivala. Više ne primećujemo toliko stvari, jer uvek smo u žurbi da pozavršavamo sve što imamo, da krenemo na sledeći zadatak. U zavođenju, uvek se trudite da vratite vašu metu na zlatne trenutke detinjstva. Dete je manje racionalno, lakše ga je zavesti. Dete je takođe više prilagođeno zadovoljstvima čula. Tako da kada je vaša meta sa vama, ne smete im pružiti osećanja koja inače dobijaju od stvarnog sveta, gde smo svi u žurbi, nemilosrdni, van sebe. Morate namerno da usporavate stvari, da ih vratite u jednostavnija vremena njihove mladosti. Kada su njihova čula ispunjena predivnim stvarima, oni postaju sve manje sposobni da rezonuju i da budu racionalni.

U zavođenju je sve znak, a ponajviše garderoba. Ne radi se o tome da treba da se oblačite zanimljivo, elegantno ili provokativno, već da treba da se oblačite za svoju metu – po njenom ukusu. Kada je Kleopatra zavodila Marka Antonija, njena haljina nije bila seksualna; ona se oblačila kao grčka boginja, znajući da je

Stoga, po mom mišljenju, kada udvarač želi da objavi ljubav, trebalo bi to da učini svojim delima, pre nego govorom, jer čovekova osećanja ponekad su jasnije iskazana gestom poštovanja ili određenom stidljivošću, nego jačinom reči.

BALDASARE KASTILJONE, *KNJIGA ZAVODNIKA*

bio slab na takve figure. Madam de Pompadur, ljubavnica kralja Luja XV, znala je kraljeve slabosti, njegovu hroničnu dosadu; stalno je nosila drugačiju odeću i menjala ne samo njenu boju već i stil, pružajući Kralju konstantnu gozbu za oči. Ovde dobro funkcioniše kontrast: i na poslu i kod kuće, trebalo bi da se oblačite nonšalantno, ali kada ste sa vašom metom nosite nešto sa detaljima, kao da nosite kostim.

Poklon ima neverovatnu moć zavođenja, ali sam objekat je manje važan od gesta. Možda će izbor imati neke veze sa prošlošću mete, ili će simbolizovati nešto između vas, ili će samo pokazivati koliko daleko ste spremni da idete da joj udvoljite. Skupi darovi ne nose sa sobom nikakav sentiment; oni će privremeno uzbuditi onoga ko ih prima ali će se brzo zaboraviti, kao što dete zaboravi novu igračku. Objekat koji oslikava pažnju onoga ko ga daje ima sentimentalnu moć, koja će se pojaviti svaki put kada je vlasnik vidi.

Na kraju, reči su veoma važne u zavođenju i imaju veliku moć da zbune, dekoncentrišu ili podstaknu taštinu mete. Ali ono što je na duge staze najzavodljivije jeste ono to ne kažete, ono što ističete indirektno. Reči lako nastaju i ljudi im ne veruju. Svako može da kaže prave reče; i jednom kada su izrečene, ništa nije podrazumevajuće, i dalje se mogu zaboraviti. Gest, predusretljiv dar, mali detalji čine se mnogo realnijim i bitnijim. Oni su, takođe, mnogo šarmantniji od uzvišenih reči o ljubavi, upravo zato što govore za sebe i puštaju da onaj koji zavodi učita u njih mnogo više nego što zaista tu postoji. Nikad nemojte reći nekome ono što osećate, pustite ih da to pretpostavljaju na osnovu vašeg izgleda i postupaka. Ovo je mnogo ubedljiviji jezik.

Simbol: Banket. Gozba je spremljena u vašu čast. Sve je izvedeno kako treba – cveće, dekoracije, izbor gostiju, plesači, muzika, petodelni obrok, beskonačni potoci vina. Banket će vam razvezati jezik, kao i inhibicije.

12
Poetizujte svoje prisustvo

Važne stvari se događaju kada su vaše mete same: najmanji osećaj vašeg odsustva, i gotovo. Pristrasnost i preterano otkrivanje mogu proizvesti ove reakcije. Ostanite nedostižni, tako da će oni, kada niste tu, žudeti da vas opet vide, i povezivaće vas samo sa prijatnim mislima. Okupirajte im misli menjajući postojeće prisustvo kul distancom. Povežite se sa poetskim slikama i objektima, tako da kada misle o vama, počinju da na vas gledaju sa aurom idealizacije. Što više figurirate u njihovim umovima, više ćete postajati zavodljiva fantazija. Hranite ih suptilnim nedoslednostima i promenite svoje ponašanje.

Ključ zavođenja

Svi gajimo slike o sebi koje su više laskave nego istinite: mislimo za sebe da smo velikodušni, nesebični, iskreni, ljubazni, inteligentni, da bolje izgledamo nego što je to sve stvarno. Veoma nam je teško da budemo iskreni u vezi sa nama samima i našim ograničenjima. Kao što je spisateljica Angela Karter primetila, pre bismo se svrstali sa anđelima, nego sa visokim primatima od kojih zapravo zaista potičemo.

Onaj koji ne zna tako da zaskoči devojku da ona iz vida izgubi sve što on ne želi da ona vidi, onaj koji ne zna kako da se pesnički predstavi devojci tako da od nje dolazi sve ono što on želi - jeste i ostaće šeprtlja... Poetski se predstaviti devojci je umetnost.

SEREN KJERKEGOR

Potreba da idealizujemo se može proširiti i na naše romantične veze, zato što se zaljubljujemo, ili padamo pod uticaj druge osobe, mi vidimo svoj odraz. Odluke koje donosimo s kime ćemo se povezati otkriva nešto važno i intimno o nama: ne pristajemo da sebe vidimo kao nekoga ko bi mogao da padne na tvrdicu, ili odrpanca ili osobu bez ukusa, jer bi se to loše odrazilo na to ko smo mi.

Osim toga, često ćemo pasti na nekoga ko na određeni način podseća na nas. Ukoliko ta osoba oskudeva u nečemu, ili je sasvim obična, to znači da i u vezi sa nama postoji nešto što manjka i što je obično. Osim toga, u svetu koji je grub i pun razočaranja, veliko je zadovoljstvo moći fantazirati o osobi s kojom ste u vezi.

Ovo olakšava posao zavodnika: ljudi tako silno žele da dobiju šansu da fantaziraju o vama. Nemojte pokvariti ovu zlatnu priliku time što ćete se previše izložiti, ili postati bliski i banalni, tako da meta može da vas vidi kakvi zaista jeste. Ne morate biti anđeo, niti paragon vrline – to

Potrebna mi je ženu koja je nešto, bilo šta; ili veoma lepa, ili veoma ljubazna, ili u krajnjem slučaju veoma opaka; veoma duhovita ili veoma glupa, ali bilo šta.

ALFRED DE MISE

bi bilo veoma dosadno. Možete biti opasni, nevaljali, čak i vulgarni donekle, što će zavisiti od ukusa vaše žrtve. Ali nikad nemojte biti obični i ograničeni. U poeziji (suprotno od stvarnosti), sve je moguće.

Kako bi vas vaša meta idealizovala, neophodno je da dodate i neki element sumnje – možda nećete biti toliko zainteresovani za njih, bićete na neki način nedostižni. Zapamtite: ako vas je lako imati, nemoguće je da ste vredni. Ukoliko, nakon inicijalnog interesovanja, učinite jasnim da vas ne mogu uzimati zdravo za gotovo, ako pobudite trunku sumnje, meta će zamišljati kako je nešto specijalno, uzvišeno i nezadrživo u vezi sa vama.

Ljudi imaju duboko zadovoljstvo u povezivanju drugih sa nekom vrstom dečije fantazije. Pikaso nije bio samo veliki slikar koji je bio žedan mladih devojaka, on je bio i Minotaur iz grčke legende, đavolska obmanjivačka figura koja je toliko dopadljiva ženama. Ovakve asocijacije ne bi trebalo tako brzo izneti; one su moćne samo onda kada meta počne da pada pod vaš uticaj.

Bilo koja vrsta intenzivnog iskustva, umetničkog ili duhovnog, zadržava se u umu mnogo duže nego normalno iskustvo. Morati naći vremena da delite takve trenutke sa vašom metom – koncert, predstava, duhovni susret, štagod da je potrebno – tako da se oni povežu sa nečime što može da vas uzdigne.

Potrebno je da darovi i drugi objekti koje poklanjate budu prožeti vašim prisustvom; ukoliko su povezani sa prijatnim uspomenama, sam pogled na njih će se zadržati u vašem umu i ubrzati proces poetizacije.

Iako je rečeno da odsustvo može učiniti da vam nečije srce postane naklonjenije, prebrzo odsustvo bi moglo da se pokaže smrtonosnim. Morate okružiti vaše mete fokusiranom pažnjom, tako da u onim kritičnim momentima kada su same, u njihovim glavama počne da se vrti sećanje na vas. Učinite sve što je moguće kako bi mete mislile na vas. Pisma, darovi, neočekivani susreti – sve ovo vam pruža poetičku sveprisutnost. Sve ih mora podsećati na vas.

Simbol: Oreol. Polako, kada je meta sama, on ili ona će početi da zamišljaju neku vrstu odsjaja oko vaše glave, formiranu od najrazličitijih ponuda koje nosite, prozračnost od vašeg ispunjavajućeg prisustva, vaših plemenitih kvaliteta. Oreol vas izdvaja od ostalih ljudi. Ne dozvolite da nestane time što ćete postati previše bliski i obični.

13
Razoružavajte putem strateške slabosti i ranjivosti

Previše manevrisanja može izazvati sumnju. Najbolji način da prikrijete vaše tragove jeste da učinite da se druga osoba oseća superiornom i jakom. Ukoliko izgledate slabo, ranjivo, zaplašeno drugim osobama i nesposobni da se kontrolišete, učinićete da vaše akcije izgledaju prirodnije i manje proračunato. Fizička slabost – suze, stidljivost, bledilo – olakšaće stvaranje ovog efekta. Kako biste nastavili da osvajate poverenje, zamenite iskrenost vrlinom: uspostavite vašu „iskrenost" time što ćete priznati neki vaš greh – ne mora da bude pravi. Iskrenost je važnija od dobrote. Igrajte žrtvu, a onda pretvorite simpatije vaše mete u ljubav.

Ključ zavođenja

Svi posedujemo slabosti, ranjivosti, osetljivosti u našem mentalnom sklopu. Možda smo stidljivi ili preterano osetljivi, ili imamo potrebu za pažnjom – koja god da je slabost u pitanju, to je nešto što ne možemo da kontrolišemo. Možemo da pokušamo da kompenzujemo to nečime, ili da ga prikrijemo, ali ovo je najčešće greška: ljudi osete nešto neautentično i neprirodno. Zapamtite: ono što je prirodno u vašem karakteru je inherentno zavodljivo. Ranjivost jedne osobe, ono što oni naizgled ne uspevaju da kontrolišu, najčešće jeste ono što je najzavodljivije kod njih. Ljudi koji ne pokazuju nikakve slabosti, sa druge strane, najčešće iskazuju zavist, strah i bes, i mi želimo da ih sabotiramo, samo kako bismo ih spustili na svoj nivo.

Nemojte se boriti protiv slabosti, ili pokušati da ih potisnete, nego ih uključite. Naučite kako da ih pretvorite u moć. Igra je prilično suptilna: ukoliko se prepustite svojim slabostima, preterate u vašoj ulozi, izgledaćete kao da prosite simpatije, ili, još gore, kao da ste patetični. Ne, ono što najbolje funkcioniše jeste da dopustite ljudima da povremeno zavire u vašu meku, lomljivu stranu karaktera, i to obično tek nakon što vas poznaju već neko vreme. Taj odsjaj će vas učini humanijim, relaksiraće njihove sumnje, i pripremiti teren za dublju povezanost. Normalno jaki i pod kontrolom, na momente se opustite, prepustite svojim slabostima i pustite druge da ih vide.

Slabi imaju moć nad nama. Mogu bez direktnih, jakih. Po prirodi sam slab i neodlučan, i žena koja je tiha i povučena i sledi želje svog muškarca, čak do granice da dopusti da bude iskorišćena, mnogo mi je privlačnija. Muškarac može da je oblikuje i ukalupljuje kako on želi, i da mu se sve vreme ona sve više sviđa.

MURASAKI ŠIKIBU, *PRIČE O GENDŽIJU*

Znate, čovek ništa ne vredi ukoliko ne može da se zaplače u pravom trenutku.

LINDON DŽONSON

Postoje strahovi i nesigurnosti tipične za svaki pol; vaša upotreba strateških slabosti mora uvek uzimati u obzir ove razlike. Žena, na primer, može biti privučena muškom snagom i samopouzdanjem, ali previše toga može izazvati strah, jer će izgledati neprirodno, čak ružno. Naročito zastrašujuće jeste osećanje da je čoveku hladno i da se ne oseća dobro. Ona će možda biti nesigurna da li je on tu samo zbog seksa i ničeg više. Muški zavodnici su odavno naučili kako da postanu ženstveniji – da pokažu svoje emocije, i da izgledaju zainteresovano za živote svojih meta.

Neki od najvećih zavodnika u skorašnjoj istoriji – Gabriel d'Anuncio, vojvoda Elingotn, Erol Flin, shvatali su koje su prednosti pretvaranja da su u ropskom položaju pred ženama, kao trubadur koji je pred njima kleknuo. Ključ je u tome da udovoljite svojoj nežnijoj strani dok ostajete muževni što je više moguće. Ovo može podrazumevati povremeno pokazivanje stidljivosti, koje je filozof Seren Kjerkegor smatrao izuzetno zavodljivom taktikom kod muškarca – ono pruža ženi osećaj komfora, čak i superiornosti. Setite se, ipak, sa svime treba biti umeren. Zračak stidljivosti je dovoljan; previše stidljivosti i meta će pobeći, uplašena da će na kraju ona morati sve da radi.

Čovekov strah i nesigurnosti često dovode u pitanje njegovu muževnost; često je uplašen ženama koje su previše manipulativne, i koje su previše pod kontrolom. Najveće zavodnice u istoriji su znale kako da prikriju svoje manipulacije time što su igrale male devojčice kojima je potrebana muška zaštita. Kako bi ovo bilo što efektnije, ženi su potrebni i zaštita i protekcija i seksualno uzbuđenje, kako bi muškarcu pružila ultimativnu fantaziju.

Kada vidimo da neko plače to skoro uvek izaziva neposredan efekat na naše emocije: ne možemo da ostanemo neutralni. Osećamo simpatiju, i najčešće ćemo učiniti sve što je potrebno da zaustavimo te suze – uključujući i stvari koje normalno ne bismo uradili. Jecanje je neverovatno potentna taktika, ali onaj koji jeca nije uvek tako nevin. Obično postoji nešto realno iza suza, ali takođe bi tu mogao da postoji neki element glume, igranja na efekat. Osim ovog emotivnog uticaja koji imaju suze, postoji nešto zavodljivo u vezi sa tugom. Želimo da utešimo tu drugu osobu, a ta požuda se brzo pretvara u ljubav.

Koristite suze sa merom, i sačuvajte ih za pravi trenutak. Možda je ovo vreme kada meta sumnja u vaše motive, ili kada se brinete da nemate nikakvog efekta na nju ili njega. Suze su siguran pokazatelj toga koliko je druga osoba pala na vas. Ukoliko izgledaju kao da ih neko iritira, ili se opiru, vaš slučaj je verovatno beznadežan.

U socijalnim i političkim situacijama, biti previše ambiciozan, ili previše pod kontrolom, učiniće da vas se ljudi plaše; krucijalno je da pokažete vašu nežnu stranu. Pokazivanje jedne slabosti će prikriti mnoštvo manipulacija. Emocije ili čak suze će ovde sasvim dobro obavljati posao. Ono što je najzavodljivije od svega je igrati ulogu žrtve. Napadati zlonamerne protivnike će vas učiniti podjednako ružnim; umesto toga, upijte njihove udarce i igrajte ulogu žrtve. Publika će biti na vašoj strani, u emotivnom odgovoru koji će postaviti osnovu za vašue veliko političko zavođenje.

Simbol: Mrlja. Prelepo lice je očaravajući prizor za gledati, ali ukoliko je previše savršeno ostaviće nas hladnim, pa čak i blago zaplašenim. Ali mali mladež, neko znamenje lepote čini ljudsko lice neodoljivim. Stoga nemojte skrivati sve vaše mrlje. Potrebni su vam da biste smekšali svoje osobine i izazvali nežna osećanja.

14
Zamenite požudu realnošću - Savršena iluzija

Kako bi kompenzovali poteškoće u životu, ljudi troše mnogo svog vremena na dnevna sanjarenja – zamišljajući budućnost punu avantura, uspeha i romantike. Ukoliko stvorite iluziju da kroz vas mogu da iživе svoje snove, biće u vašoj milosti. Važno je da počnete polako, zadobijate njihovo poštovanje i postepeno konstruišete fantaziju koja će se poklopiti sa njihovim željama. Ciljajte na tajne želje koje su bile potisnute, pobudite njihove nekontrolisane emocije, zamaglite im moć rasuđivanja. Savršena iluzija je ona koja se ne udalja previše od stvarnosti, ali ima dašak nerealnosti, kao san koji vas probudi. Dovedite onoga koga zavodite do konfuzije u kojoj više neće moći da razlikuju iluziju od realnosti.

Ljubavnici i ludaci imaju mozgove koji kipe, / Tako oblikovane fantazije koje shvataju / više nego što hladan razum shvata.

Vilijam Šekspir

Ključ zavođenja

Stvaran svet ume da bude nepopustljiv: događaji se javljaju onda kada imamo malo kontrole, drugi ljudi ignorišu naša osećanja u svojim naporima da dobiju ono što žele, vreme ističe pre nego što ostvarimo ono što smo naumili. Ukoliko bismo se zaustavili da sagledamo sadašnjost i budućnost na potpuno objektivan način, pali bismo u očajanje. Na svu sreću, rano razvijamo naviku da sanjarimo. U ovom drugom, mentalnom svetu koji nastanjujemo, budućnost je puna mogućnosti. Možda ćemo sutra prodati tu briljantnu ideju, ili ćemo sresti osobu koja će promeniti naše živote. Naša kultura stimuliše ove fantazije upornim slikama i pričama o čudesnim slučajnostima i srećnim romansama.

Problem je u tome što ove slike i fantazije postoje samo u našim umovima, ili na ekranu... One zaista nisu dovoljne – žudimo za pravim stvarima, a ne za ovim beskrajnim dnevnim sanjarenjima i uzbuđivanjima.

Vaš zadatak zavodnika jeste da oživite nečije fantazije tako što ćete otelotvoriti neku figuru upravo iz te njihove fantazije, ili ćete napraviti scenario koji podseća na san te osobe. Niko ne može da izdrži privlačnost tajne požude koja oživi pred njihovim očima. Morate prvo da odaberete metu koja oseća neku represiju ili ima neki san nerealizovan – oni su uvek najlakša žrtva zavođenja. Polako i postepeno, izgradićete iluziju da će oni moći da vide i osete i prožive svoje snove. Jednom kada budu dobili ovu senzaciju, izgubiće kontakt sa stvarnošću i počeće da gledaju na vašu fantaziju kao stvarniju od bilo čega drugog.

Većina ljudi gaji zablude u vezi sa iluzijama. Kao što svaki mađioničar zna, to se mora izvesti tako da bude grandiozno i teatralno; a ta dva mogu biti i destruktivna, privlačeći previše pažnje na vas i vaše šeme. Umesto toga, stvorite pojavu normalnosti. Jednom kada se vaša meta oseti sigurnom – ništa neće biti neobično – imate prostora da ih obmanete. Kada oživljavate fantazije, velika greška je da zamišljate da mora biti veća od života. Umesto toga, ono na šta treba da ciljate je ono što Frojd zove „oneobičeno", nešto što je čudno i poznato u isto vreme, kao *deja vu*, ili uspomena iz detinjstva -bilo šta što je blago iracionalno i poput sna. Oneobično, mešavina stvarnog i nestvarnog, ima neverovatnu moć nad našom imaginacijom. Fantazije koje oživljavate za vašu metu ne bi trebalo da budu bizarne ili izuzetne; trebalo bi da budu ukorenjene u stvarnosti, sa nagoveštajem čudnog, teatralnog, okultnog. Vi blago podsećate ljude na nešto u njihovom detinjstvu, ili neki lik iz filma ili knjige.

Jedne noći, Polina Bonaparta, Napoleonova sestra, održala je gala prijem u svojoj kući. Posle toga, jedan zgodan nemački oficir joj je prišao u vrtu i zamolio je da prosledi jednju njegovu molbu imperatoru. Polina je rekla da će se potruditi i zatim, sa misterioznim pogledom, rekla mu da se vrati na isto mesto sutra uveče. Oficir se vratio, a tada ga je sačekala mlada žena koja ga je odvela u neke sobe u blizini vrta, a zatim u veličanstveni salon, sa sve ekstravagantnom kadom. Nekoliko trenutaka kasnije, još jedna mlada žena je ušla na sporedna vrata, obučena u prozračnu odeždu. Bila je to Polina. Zvona su zvonila, konopci su se povlačili i sluškinje su se pojavile, pripremile kupatilo pružajući oficirima bade-mantile, da bi potom nestale. Oficir je kasnije opisao ovo veče kao doživljaj iz neke bajke, a imao je osećaj kao da Polina namerno igra ulogu neke mitske zavodnice. Deo avanture jeste bio u utisku da igra neku ulogu, i da je pozvala oficire da joj se pridruže.

Ovaj efekat seže sve do detinjstva, kada smo prvi put naučili da postoje uzbuđenja u tome da se imitiraju odrasli. Kako starimo, a društvo nam sve više sprema uloge, deo nas žudi za razigranim pristupom koji smo nekada imali, za maskama koje smo nekada mogli da nosimo. I dalje želimo da igramo tu igru, da igramo drugačije uloge u životu. Udovoljite toj želji vaših meta, time što ćete prvo učiniti očiglednim da igrate ulogu, a onda ih pozovite da sa vama podele tu fantaziju. Što više budete postavljali stvari kao da je u pianju igra ili fikcija, to bolje.

Simbol: Šangri-La.

Svako ima viziju savršenog mesta gde su ljudi ljubazni i plemeniti, gde se njihovi snovi mogu ostvariti, a želje ispuniti, gde je život pun avanture i romanse. Povedite vašu metu na put u to mesto, dajte im nagoveštaj Šangri-La, kao magle na planini, i oni će se zaljubiti.

15
Izolujte žrtvu

Izolovana osoba je slaba. Time što ćete izolovati svoje žrtve, činite ih ranjivijim pred vašim uticajem. Njihova izolacija može biti psihološka: time što im u vidno polje unosite zadovoljenje pažnjom koju im pružate, vi zamagljujete sve drugo u njihovom umu. Oni vide i misle samo na vas. Izolacija može biti i fizička: uklonite ih iz njihovog normalnog miljea, prijatelja, familije, doma. Ulijte im osećanje da su marginalizovani, u limbu – oni ostavljaju svet i ulaze u drugi. Jednom kada su ovako izlovani, oni nemaju nikakvu podršku spolja, i pod tom konfuzijom će lako zastraniti. Navedite zavođenog da dođe u vašu jazbinu, gde ništa nije poznato.

Postavite ih na mesto odakle nemaju gde da odu, i umreće pre nego što će da pobegnu.

SUN CU

Ključ zavođenja

Ljudi oko vas se mogu činiti jakim, i manje ili više pod kontrolom, ali to je samo fasada. Duboko ispod svega toga, ljudi su mnogo krhkiji nego što se čine. Ono zbog čega se čine tako jakim je niz gnezda i sigurnosnih mreža koje stvaraju oko sebe – to su njihovi prijatelji, familije, svakodnevne rutine koje im daju osećanje kontinuiteta, sigurnosti i kontrole. Izmaknite im tepih pod njima, ostavite ih na nekom stranom mestu gde je sve poznato nestalo ili je izmešano, i videćete potpuno drugačiju osobu.

Meta koja je jaka i stabilna je teška za zavođenje. Ali i najjači ljudi mogu postati ranjivi ukoliko ih izolujete iz njihovih gnezda i sigurnosnih mreža. Blokirajte im prijatelje i familiju konstantnim prisustvom, otuđite ih od sveta na koji su navikli, i odvedite ih u nepoznato. Neka provedu vreme u vašem okruženju. S namerom poremetite njihove navike, naterajte ih da rade stvari koje nikada nisu radili. Postaće emotivni, što će olakšati zavođenje. Maskirajte sve ovo u formu prijatnog iskustva, i vaše mete će se probuditi jednog dana distancirane od svega što im obično pruža utehu. Onda će vam se tražiti pomoć, poput deteta koje plače za majkom kada se svetla pogase. U zavođenju, kao i u ratovanju, izolovana meta je uvek slaba i ranjiva.

Vaši najgori neprijatelji u zavođenju su najčešće familija i prijatelji vaše mete. Oni su van vašeg kruga i imuni su na vaš šarm; oni će možda obezbediti glas razuma za zavedene. Morate raditi tiho i suptilno kako biste otuđili vašu metu od ostalih. Insinuirajte da ste ljubomorni na dobru sreću vaše mete zato što vas je našla, ili da su oni roditeljske figure koje su izgubile osećaj za avanturu. Ovi potonji argumenti su naročito efektni kod mlađih ljudi, čiji su identiteti nestabilni i koji su spremni da se odupru bilo kojem autoritetu, naročito svojim roditeljima.

Naše prošle veze su prepreke sadašnjim. Čak i ljudi koje smo ostavili za sobom mogu da upravljaju nama. Kao zavodnik, bićete držani u prošlosti, poređeni se sa svojim prethodnim suparnicima, možda ćete se osetiti i inferiorno. Ne dozvolite da dođe do te tačke. Odstranite prošlost svojom pažnjom usmerenom na sadašnjost. Ukoliko je neophodno, nađite načina da odstranite njihove bivše ljubavnike – suptilno ili ne baš suptilno, u zavisnosti od situacije. Idite toliko daleko da čak budete spremni i da otvorite stare rane, čineći time da osete stari bol, i porede to s tim koliko bolje izgledaju sada. Što ih više budete izolovali o njihove prošlosti, dublje će potonuti sa vama u sadašnjost.

Danas su mnogi od nas optrećeni obavezama. Oko nas se formira zid – imuni smo na uticaje drugih ljudi, zato što smo toliko preokupirani. Kako biste zaveli vaše mete, potrebno je da ih izdvojite, nežno, polako, od afera koje se odigravaju u njihovim umovima. To je najbolje učiniti nečim nepoznatim što će ih fascinirati i držati njihovu pažnju. Budite drugačiji po svojim manirima i pojavi, i polako ih prepuštajte vašem drugačijem svetu.

O sestro, dete moje, snevaj što bi nas dvoje da živimo tamo tek znali! Voleti dokle hteti, voleti i mreti u kraju koji ti je nalik! Ta sunca raskvašena sa neba zamućena duhu mi nude iste čari kao tajna duboka izdajničkog si oka što u suzi svojoj se zari. Tamo je svet reda i sklada, raskoš, spokojstvo i naslada. Nameštaj bi, u sjaju koji mu godine daju, kitio naše sobne kute; i najreće bi cveće čiji se miris spleće sa vonjem ambre rasplinute bogati svod tavana, ogledala bezdana sva prelest istočnjačkog sjaja, sve bi zborilo pri tom za dušu tajnovitom i blagom rečju zavičaja.. Tamo je svet reda i sklada, raskoš, spokojstvo i naslada. Pogledaj niz kanale na brodove sazpale što ih narav skitačka goni; da usliši što bolje svaki mig tvoje volje, s kraja sveta dolaze oni. Suncima koja trnu poja se zaogrnu, po kanalima, gradu celom, zumbul i zlato pline; sve ima da počine okupano svetološću vrelom. Tamo je svet reda i sklada, raskoš, spokojstvo i naslada.

Šarl Bodler, *Poziv na putovanje* iz zbirke *Cveće zla*, prevod: Borislav Radović

Ključ za psihološko izolovanje vaših meta jeste pažnja, učiniti da ne postoji ništa drugo na svetu osim vas dvoje. Ne dajte im vremena i prostora da se brinu, da sumnjaju, da vam se odupiru; preplavite ih pažnjom koja će proterati sve druge misli, brige i probleme. To će imati dubok efekat na njihov ego, i nateraće ih da iskuse izolaciju kao nešto u čemu se uživa.

Princip izolacije se doslovno može shvatiti kao prebacivanje mete na neku egzotičnu lokaciju. Opasnost putovanja je u tome što vam je intimnost vaših meta otvorena – teško je očuvati taj dašak misterije. Ali ako ih odvete na mesto koje je samo po sebi zavodljivo dovoljno da im skrene pažnju, sprečićete ih da se fokusiraju na bilo šta banalno u vašem karakteru.

Na kraju, u jednom trenutku zavođenja mora da postoji naglasak opasnosti u celoj ovoj mešavini. Vaše mete moraju da osećaju da su se upustile u veliku avanturu time što vas prate, ali takođe i da gube nešto – deo njihovih prošlosti, dragocenu utehu. Aktivno podstičite ova ambivalentna osećanja. Element straha je najbolji začin; iako previše straha onesposobljava, u malim dozama može učiniti da se osetimo živim. Kao da smo skočili iz aviona, uzbudljivo je, ali je istovremeno i zastrašujuće. A jedini koji im može sprečiti pad, ili ko ih može uhvatiti, jeste vi.

Simbol: Frulaš iz Hamelina. Razdragano momče u crvenoj i žutoj odori, namamljuje decu iz njihovih domova predivnim zvukom svoje frule. Začarana, ona ne primećuju koliko daleko ih je odveo, i postaju svesni da su ostavili svoje porodice. Na kraju čak ni ne primete pećinu u koju ih je odveo, i koja se nad njima zauvek zatvara.

16
Dokažite se

• • • • • • • • • • •

Većina ljudi želi da bude zavedena. Ukoliko se opiru vašim naporima, to je verovatno zato što se niste dovoljno potrudili da ublažite njihove sumnje – povodom vaših motiva, dubine vaših osećanja, i tako dalje. Samo jedna dobro tempirana akcija koja pokazuje koliko daleko ste spremni da idete ne biste li ih osvojili će otkloniti njihove sumnje – bilo koje delo koje podrazumeva žrtvovanje sebe, a u korist vaše mete, će izazvati emocije kod njih, neće primetiti ništa drugo. Nikad se nemojte obeshrabriti zbog otpora ljudi, ili žalbi. Umesto toga, učinite neko viteško delo. I obratno, naterajte druge da se dokažu time što ćete učiniti sebe nedostupnim, nedostižnim, vrednim borbe.

Dokazi zavođenja

Svako može da koristi velike reči, da govori uzvišeno o svojim osećanjima, da insistira na tome koliko mari za nas, kao i za sve potlačene ljude ove planete. Ali ako se nikada ne ponašaju na način koji bi mogao da potkrepi njihove reči, počinjemo da sumnjamo u njihovu iskrenost – možda imamo posla sa šarlatanom, ili licemerom ili kukavicom. Laskanje i lepe reči će vas dovesti samo donekle. Na kraju će doći vreme kada ćete morati da pokažete vašoj žrtvi neki dokaz, da uskladite vaše reči i dela.

Ovakva vrsta dokazivanja ima dve funkcije. Prvo, ona otklanja sve sumnje u vezi sa vama. Drugo, delo koje otkriva neke pozitivne kvalitete u vezi sa vama je neverovatno zavodljiva sama po sebi. Hrabra i nesebična dela stvaraju moćne i pozitivne emotivne reakcije. Ne brinite, vaša dela ne moraju da budu toliko hrabra i nesebična da izgubite sve dok to radite. Sama pojava puna plemenitosti će biti dovoljna. Zapravo, u svetu u kome ljudi preterano analiziraju i preterano pričaju, bilo kakva vrsta akcije ima zavodljiv efekat.

Normalno je da u toku zavođenja naiđete na otpor. Što više prepreka prevaziđete, naravno, veće će biti zadovoljstvo koje vaš čeka, ali mnoga zavođenja omanu zato što zavodnik ne ume tačno da pročita otpor svoje mete. Često se olako predajemo. Najpre, shvatite primarni zakon zavođenja: otpor je znak da su emocije druge osobe uključene u taj proces. Jedina osoba koju ne možete da zavedete jeste neko ko je distanciran i hladan. Otpor je emotivan, i može se pretvoriti u svoju suprotnost, kao što u nindžicuu fizički otpor protivnika može dovesti do toga da on izgubi. Ukoliko se ljudi opiru zato što vam ne veruju, može pomoći to što ćete pokazati koliko daleko ste spremni da idete. Ukoliko se opiru zato što ste plemeniti, ili zato što su lojalni nekome drugom, još bolje – vrline i potisnute želje će lako prevladati nad bilo kojom akcijom. Viteška dela će takođe ukloniti bilo koje rivale sa scene, pošto je većina ljudi zastrašena i tako retko je spremna da rizikuje bilo šta.

Postoje dva načina da se dokažete. Najpre, spontana akcija: pojavljuje se situacija u kojoj vašoj meti treba pomoć, problemu treba rešenje, ili jednostavno njemu ili njoj treba usluga. Ne možete predvideti ove situacije, ali možete biti spremni za njih, one se mogu pojaviti u bilo kom trenutku. Impresionirajte vašu metu time što ćete otići još dalje nego što je neophodno – žrtvujte još novca, još vremena, još napora, više nego što se očekuje od vas.

Vaša meta će često iskoristiti ove momente, ili će ih čak proizvesti, kao neku vrstu testa: hoćete li se povući? Ili ćete doskočiti situaciji? Ukoliko je neophodno, učinite da izgleda kao da vas je to delo koštalo više para nego što jeste, nikad rečima, već indirektno.

Drugi način da se dokažete jeste neko hrabro delo koje možete da planirate i izvršite unapred, i u pravom momentu – ukoliko je tomoguće –

na neki način koji je zavodnički, ili onda kada su sumnje koje u vezi sa vama ima žrtva i dalje opasne. Izaberite dramatične, opasne akcije koje otkrivaju koliko je vremena i napora uloženo u njih. Opasnost može biti ekstremno zavodljiva. Pametno vodite vašu žrtvu u krizu, momenat opasnosti, ili ih indirektno stavite u neprijatnu situaciju, i onda možete da igrate spasioca, plemenitog viteza. Moćna osećanja i emocije koje ovo izdiže mogu se lako preusmeriti u pravcu ljubavi.

Čineći vaša dela poletnim i viteškim koliko god je to moguće, vi podižete zavođenje na novi nivo, uzburkavate emocije, i prikrivate sve unutrašnje motive koje imate. Žrtva koju pravite mora biti vidljiva; ako govorite o njima, ili objašnjavate koliko vas ona koštaju, izgledaćete kao da se hvališete. Ostanite bez sna, razbolite se, izgubite dragoceno vreme, rizikujte vašu karijeru, trošite novac koji ne možete da zaradite. Možete preuveličati sve ove efekte, ali nemojte biti uhvaćeni u tome kako se busate u grudi tim postupcima, ili sažaljevati samog sebe: nanosite sebi bol i pustite ih da vide to. Pošto svi na svetu već imaju neki pristup, vaša plemenita i nesebična dela će biti neodoljiva.

I na kraju, ova strategija se može dokazati i u obrnutom pravcu, tako što ćete terati ljude da se dokazuju vama. Intenzitet zavođenja se podiže putem ovakvih izazova – pokaži mi da me zaista voliš. Kada jedna osoba (ili pol) uspe da odgovori na izazov, najčešće se očekuje i od druge osobe da učini isto, i zavođenje se pojačava. Time što će ljudi da vam se dokazuju, vi podižete svoju cenu i prikrivate svoje nedostatke. Vaše mete su previše zauzete pokušajima da se dokažu da su bez mrlje i mane.

Simbol: Turnir. Na terenu, sa svojim zlatnim zastavicama i šljaštećom vojnom opremom, dame gledaju kako se vitezovi bore za njihovu ruku. Oni su joj izjavili ljubav, klečeći na jednom kolenu, uz pesme i lepa obećanja. Svi su oni dobri u tim stvarima. Ali onda se oglasi truba i borba počinje. U turniru nema lažiranja ili oklevanja. Vitez kojeg ona odabere mora da bude krvav po licu i da ima nekoliko slomljenih udova.

17
Izazovite regresiju

Ljudi koji su doživeli neku vrstu zadovoljstva u prošlosti će pokušati da je opet prožive. Najukorenjenija i najdivnija sećanja su uglavnom ona iz najranijeg detinjstva, i često su nesvesno povezana sa roditeljskim figurama. Vratite vaše mete nazad u to vreme, tako što ćete sebe pozicionirati u edipalni trougao, stavljajući njih u položaj nezajažnog deteta. Nesvesni svrhe njihovog emotivnog odgovora, oni će se zaljubiti u vas. Alternativno, i vi možete regresirati, pustiti ih da igraju ulogu zaštitnika, negućujeg roditelja. U svakom slučaju, nudite im ultimativnu fantaziju: priliku da imaju intimni odnos sa mamom ili tatom, sinom ili ćerkom.

Istakao sam činjenicu da je voljena osoba zamena za idealni ego. Dve osobe koje su u ljubavi razmenjuju svoje ego-ideale. To što se vole znači da oni vole sebe kao ideal koji vide u onom drugom. Na svetu ne bi postojalo ljubavi da nema ovog fantoma. Iz ovog koncepta se vidi da je sama ljubav jedino moguća na određenim kulturnim nivoima ili nakon određene faze u razvoju ličnosti. Stvaranje ego-ideala samo po sebi obeležava ljudski progres. Kada su ljudi u potpunosti samima sobom kakvi zaista jesu, ljubav je nemoguća. Transfer ego-ideala na neku osobu je najkarakterističnija osobina ljubavi.

Teodor Rejk, *O ljubavi i požudi*

Erotska regresija. Kao odrasle osobe imamo tendenciju da precenjujemo naše detiljstvo. U svojoj zavisnosti i nemoći, deca suštinski pate, ali kada ostarimo, tako zgodno zaboravimo na to i sentimentalizujemo taj raj koji smo ostavili za sobom. Zaboravljamo bol i sećamo se samo zadovoljstva. Zašto? Zato što su obaveze u odraslom životu breme koje je toliko opresivno s vremena na vreme da tajno želimo da budemo ponovo u onoj zavisnosti kao kada smo bili deca, jer ta osoba koja se starala o svakoj našoj potrebi, preuzela je naše brige i obaveze. Ovaj san na javi ima jaku erotsku komponentu, jer dečije osećanje zavisnosti od roditelja ima puno seksualnih podtonova u sebi. Mi nikada nećemo priznati, ali žudimo za regresijom, da odbacimo našu spoljašnjost i damo oduška našim dečijim emocijama.

Kako biste imali uticaja na regresiju potrebno je da ohrabrujete ljude da pričaju o svom detinjstvu. Većina će biti presrećna da ispuni tu želju; a naše uspomene su tako žive i emotivne, da neki od nas ulaze u regresiju samo pričajući o svojim ranim godinama.

Obratite pažnju na ton njihovog glasa, na neki nervozni tik dok pričaju, i naročito na bilo šta o čemu oni neće da pričaju, sve što oni odbacuju. Mnoge izjave zapravo znače upravo suprotno: ukoliko kažu da su mrzeli svog oca, na primer, budite sigurni da prikrivaju u sebi mnogo razočaranja – oni su možda voleli svog oca mnogo i možda nikada nisu dobili ono što su od njega očekivali.

Od informacija koje ste sakupili, sada možete početi da stvarate regresiju. Možda ćete otkriti moćnu povezanost sa nekim rođakom, sa učiteljem, ili neku ranu zaljubljenost, osobu koja baca senku na njihov život. Pošto spoznate šta je to kod ovih osoba što je tako jako uticalo na njih, sada vi možete da preuzmete tu ulogu. Ili ste možda naučili da postoji ogromna praznina u njihovom detinjstvu.

Regresija koju treba da izazovete ima četiri osnovna tipa.

Infantilna regresija. Prva veza – veza između majke i njenog deteta – najjača je. Za razliku od drugih životinja, ljudske bebe su jako dugo nemoćne i zavise od svoje majke, što stvara povezanost koja će uticati na ostatak njhovog života. Ključ zavođenja ove regresije jeste reprodukovati osećanje bezuslovne ljubavi koju je majka imala za svoje dete. Nikada ne sudite o svojim metama – pustite ih da rade šta god žele, uključujući i da se loše ponašaju; istovremeno ih okružite pažnjom i puno ljubavi, uljuljkajte ih u osećanje udobnosti.

Edipalna regresija. Posle veze između majke i deteta, dolazi edipalni trougao majke, oca i deteta. Ovaj trougao se formira tokom perioda detetovih najranijih erotskih fantazija. Dečak želi majku za sebe, a devojčica želi isto od njenog oca, ali oni nikada ne dobiju stvari baš na taj način, jer roditelj će uvek biti u kompetitivnom odnosu sa supružnikom ili drugim odraslima. Nestalo je bezuslovne ljubavi; sada, neizbežno, roditelji moraju ponekad odbiti ono što dete želi. Vratite žrtvu nazad u ovaj period. Odigrajte roditeljsku ulogu, budite puni ljubavi, ali istovremeno budite oštri i zahtevajte disciplinu. Deca zapravo vole malo discipline – to čini da osećaju kako odrasli brinu o njima. A odrasla deca će takođe biti oduševljena ukoliko mešate svoju nežnost sa malo grubosti i kažnjavanja.

Regresija idealnog ega. Dok smo deca, često stvaramo idealne figure u našim životima od naših snova ili ambicija. Prvo, ta idealna figura je osoba koja mi želimo da budemo. Mi zamišljamo sebe kao hrabre avanturiste, romantične figure. Onda, u adolescenciji, pružamo našu pažnju drugima, često projektujući naše ideale na njih. Prvi dečak ili devojka u koju se zaljubimo možda izgleda kao da poseduje idealne kvalitete koje mi želimo da imamo, ili može učiniti da mi odigramo tu ulogu idealne osobe sa njima. Mnogi od nas nose ove ideale sa sobom. Potajno smo razočarani time koliko moramo kompromisa da pravimo, koliko smo se udaljili od ideala kako smo bivali stariji. Neka vaše mete osećaju da žive ove mladalačke ideale, i sve su bliže postajanju osobama kakve bi želele da budu, tako da ćete uticati na drugačiji oblik regresije, proizvodeći srećanja na adolescenciju. Odnos između vas i zavedenog u ovom slučaju je jednakiji nego u prethodnim slučajevima regresije – više lični na emociju između braće i sestara.

Regresija obrnutog roditeljstva. Ovde ste vi ti koji ulaze u regresiju: namerno igrate ulogu nekoga ko je sladak, neodoljiv, i takođe igrate ulogu deteta pod seksualnim nagonom. Starijim ljudima su mlađi ljudi uvek neodoljivi i zavodljivi. U prisustvu mladosti, oni se osećaju kao da su se pomalo vratili u svoju mladost, a polet koji osećaju u prisustvu mladih ljudi potiče od zadovoljstva što im igraju oca i majku.

18
Uzburkajte transgresivno i tabu

Uvek postoje društvena ograničenja u vezi sa onim šta smemo da radimo. Neka od njih, najelementarniji tabui, stari su vekovima; neki su površniji, i samo definišu pristojno i prihvatljivo ponašanje. Neopisivo zavodljivo je učiniti da se vaše mete osećaju kao da prelaze bilo koju od ovih granica. Ljudi žude da iskuse mračnu stranu. Nije sve u romantičnoj ljubavi predviđeno da bude nežno i blago; nagovestite im da imate mračnu, čak sadističnu stranu. Nepoštujete razlike u godinama, bračne zavete, familijarne veze. Jednom kada potreba za prelaskom te granice privuče vašu metu, biće im teško da stanu sa tim. Odvedite ih dalje nego što su mogli da zamisle – osećanje krivice i zadovoljenja će stvoriti moćnu vezu.

Ključ zavođenja

Društvo i kultura su bazirani na limitima – ova vrsta ponašanja je prihvatljiva, ona nije. Granice su fluidne i menjaju se s vremenom, ali uvek postoje. Alternativa je anarhija, bezakonje prirode, i od toga se užasavamo. Ali mi smo čudne životinje: onog trenutka kada se neka granica pređe, fizički i psihički, postajemo radoznali istog momenta. Deo nas želi da ode preko te granice, da istraži ono što je zabranjeno.

Ukoliko nam je, dok smo deca, rečeno da se ne udaljavamo od određene tačke u šumi, to je upravo ono što želimo da uradimo. Ali postajemo stariji, postajemo uljudniji; sve više i više ograničenja obuhvata naš život. Ne mešajte uljudnost sa srećom. To prikriva naše frustracije, neželjene kompromise. Kako možemo da istražimo mračne strane naše ličnosti bez da prizovemo kaznu ili ostrakizam? Ona cure kroz naše snove. Ponekad se budimo sa osećanjem krivice zbog ubistva, incesta, prevare ili haosa koji se događa u našim snovima, dok ne shvatimo da to ne treba niko da zna osim nas. Ali dajte osobi osećaj da imaju šansu da istražuju granice prihvatljivog, uljudnog ponašanja, da sa vama mogu da oslobode utamničene ličnosti, i stvorićete sastojke za duboku i moćnu vezu.

Moraćete da odete dalje od zadirkivanja fantazijama. Šok i moć zavođenja leže u stvarnosti onoga što im nudite. Ukoliko su vas pratili samo iz radoznalosti, osetiće strah i oklevanje, ali jednom kada budu navučeni, biće im teško da vam odole, jer nije lako vratiti se u ograničenja koja ste već jednom prevazišli.

Onog trenutka kada ljudi osete da je nešto zabranjeno, jedan deo njih će poželeti upravo to. To je ono što čoveka ili ženu u braku čini tako neodljivom metom - što je više neko zabranjen, veća je požuda.

Pošto je ono što je zabranjeno istovremeno i željeno, morate nekako učinite sebe zabranjenim. Najblatantniji način da uradite ovo jeste da se ponašate u skladu sa vašom mračnom aurom. Teoretski, vi ste neko koga treba izbegavati; zapravo previše ste zavodljivi da bi vam se odolelo. Vaše mete moraju prevazići svoje limite da bi imale neku vezu sa vama, moraju da urade nešto nevaljalo ili neprihvatljivo – društvu, ili svojoj okolini. Za mnoge je ovo povod da zagrizu mamac.

Ljubav bi trebalo da bude nežna i delikatna, ali zapravo ona može da proizvede nasilne i destruktivne emocije; moguće nasilje u ljubavi, na način koji će slomiti naše normalno rezonovanje, jeste upravo ono što nas privlači. Pristupite romantičnoj nasilnosti mešavinom okrutnosti koju unosite u vašu nežnu pažnju, naročito u kasnijim fazama zavođenja, kada je meta u vašim rukama.

Što više vaše zavođenje zaziva nedopuštena osećanja, moć efekta je veća. Pružite vašim metama osećanje da vrše neku vrstu zločina, delo zbog kojeg mogu sa vama osećati grižu savesti. Napravite te momente u javnosti, u kojima vas dvoje znate nešto što niko drugi ne zna. Krucijalno je da ovakve tenzije stvarate u javnosti, stvarajući time osećanje saučesništva i dosluha sa svetom.

Ljudi će možda težiti tome da otklone restrikcije iz svog privatnog ponašanja, da sve učine slobodnijim, ali to samo čini zavođenje težim i manje uzbudljivim. Učinite sve što je moguće da unesete osećanje transgresije i zločina, čak i ako je ono samo psihološko ili prividno. Moraju postojati neke prepreke koje treba prevazići, zakoni koje treba prevazići, pre nego što zavođenje može da se konzumira. Može se činiti da popustljivo društvo nameće malo ograničenja; otkrijte koja su. Uvek će postojati limiti, svete krave, bihevioralni standardi – što je beskrajna municija za uzburkivanje transgresije i tabua.

Simbol: Šuma. Deci je rečeno da ne odlaze u šumu koja se nalazi vam domašaja sigurnosti njihovog doma. Tamo nema zakona, samo divljina, divlje životinje i kriminalci. Ali šansa da se istražuje, primamljiva tama, i činjenica da je nešto zabranjeno mogu biti neodoljivi. I jednom kada se nađu u njoj, želeće da idu dalje i dalje.

19
Koristite duhovne draži

Svi imaju sumnje i nesigurnosti – u svoja tela, u svoje vrednosti, u svoju seksualnost. Ukoliko vaše zavođenje utiče samo na fizičko, vi ćete uzburkati ove sumnje i činiti vaše mete samosvesnim. Umesto toga, izmamite ih napolje iz njihovih nesigurnosti time što ćete učiniti da se fokusiraju na nešto subliminalno i duhovno: religiozno iskustvo, uzvišeni umetnički rad, okultno. Istaknite vaše božanske kvalitete; pričajte o zvezdama, sudbini, skrivenim porukama koje će ujedini vas i objekat vašeg zavođenja. Izgubljene u duhovnoj magli, mete će osetiti svetlost i izgubiti inhibicije. Produbite efekat vašeg zavođenja time što ćete seksualnu kulminaciju učiniti duhovnom unijom dve duše.

Ključ zavođenja

Religija je najzavodljiviji sistem koji je ljudska vrsta ikada stvorila. Smrt je naš najveći strah, a religija nam nudi iluziju da smo besmrtni, da će nešto u vezi sa nama zauvek živeti. Ideja da smo infinitezimalni deo nepreglednog i indiferentnog univerzuma je užasavajuća; religija humanizuje ovaj univerzum, čineći nas važnim i voljenim. Mi nismo životinje kojima vladaju nekontrolisani porivi, životinje koje umiru bez ikakvog očiglednog razloga, nego stvorenja napravljena prema liku vrhovnog bića. I mi takođe možemo biti uzvišeni, racionalni i dobri. Bilo šta što hrani našu potrebu ili željenu iluziju je zavodljivo, a ništa se ne može meriti sa religijom na ovom polju.

Zadovoljstvo je mamac koji koristite da namamite osobu u vašu mrežu. Ali bez obzira koliko ste mudar zavodnik, negde u malom mozgu vaše mete oni su svesni završnice, fizičke konkluzije ka kojoj idemo. Možete misliti da vaša meta nije pod opresijom, ali skoro svi mi smo zaraženi nespokojem od naše životinjske prirode. Ukoliko ne nađete načina da se nosite sa ovom nelagodom, vaše zavođenje, čak i kada je uspešno, biće površno i privremeno. Umesto toga, pokušajte da obuhvatite dušu vaše mete, da izgradite osnovu za dublje i dugotrajnije zavođenje. Namamite vašu žrtvu duboko u mrežu vaše spiritualnosti, čineći fizička zadovoljstva uzvišenim i transcedentnim. Duhovnost će prerušiti vaše manipulacije, pretpostavljajući da su vaše

Idelizacija filmske zvezde implicira, naravno, odgovarajuću spiritualizaciju. Fotografi nam zvezde često prikazuju kako su zauzete slikanjem pod inspiracijom autentičnog talenta; ili čuče ispred svojih polica sa knjigama, konsutujući neko lepo izdanje čiji očaravajući povez garantuje duhovnu vrednost. Rej Miland ne krije zanos ovim preokupacijama: "Volim astronomiju, volim da razmišljam o prirodi i mogućnosti postojanja života na drugim planetama. Moja omiljena knjiga je o vegetaciji koja možda postoji na mesecu...." Na ovaj način proizvedena ljubav evidentno postoji po uzoru na same filmove: strastveni sentiment prepunjen duhovnošću. Naravno, mit o zvezda-

ma ne odbacuje seksualnost. Ona se uvek podrazumeva. Ali zvezde vode ljubav uvek kao rezultata superironog i očajničkog impulsa duše. Sveštenice ljubavi, one je prevazilaze tako što je ostvaruju. One ne mogu da se prepuste razvratu, to jest užitku bez spiritualnosti, osim pod pretnjom progonstva sa Beberli Hilsa. Moraju makar da se pretvaraju... Zvezde uživaju u životu i ljubavi u ime celog sveta. Ona ima mitsku dimenziju svete prostitutke.

EDGAR MORIN, *ZVEZDE*

veze svevremene, stvarajući prostora za ekstazu u umovima vaših žrtava. Zapamtite da je zavođenje mentalni proces, a ništa nije više mentalno opojno od religije, duhovnosti i okultnog.

Kao zavodnik, vi koristite religiju i duhovnost kao neku vrstu sredstva za distrakciju. Vi pozivate tu drugu osobu da obožava nešto prelepo u vama. To bi mogla da bude priroda, to bi mogla da bude umetnost, ili neka egzotična religija. To bi mogao čak i da bude neki plemeniti cilj, svetac ili guru. Ljudi umiru od želje da veruju u nešto. U tom procesu vaše mete izlaze van sebe, spajaju se u nešto veće, dok im pažnja sa fizičkog aspekta vašeg zavođenja biva skrajnuta. Ukoliko možete da učinite da ličite na stvar koja se obožava – vi ste prirodni, estetski, plemeniti i uzvišeni – vaša meta će svoje obožavanje prebaciti na vas. Oni će jedva primetiti tranziciju na nešto fizičkije i seksualnije. Od duhovne ekstaze do seksualne ekstaze vodi jedan mali korak.

Utičite na spiritualnu atmosferu tako što ćete iskazati nezadovoljstvo banalnostima života. Nije u pitanju novac, ni seks ni uspeh, vaši porivi nikada nisu toliko prizemni. Ne, nešto mnogo dublje vas motiviše. Štagod da je u pitanju, neka bude maglovito, što će vašoj meti omogućiti da zamišlja sve skrivene dubine. Zvezde, astrologija, sudbina, sve je to uvek privlačno; stvara osećaj da je sudbina spojila vas i vašu metu. To će vaše zavođenje učiniti još prirodnijim. U svetu u kojem je previše stvari kontrolisano i proizvedeno, osećaj da sudbina, neophodnost, ili neka viša moć vodi vašu vezu je nesumnjivo zavodljivo. Ukoliko želite da unesete religiozne motive u vaše zavođenje, najbolje je da odaberete nepristupačnu, egzotičnu religiju sa daškom nečeg paganskog u sebi. Lako je pokrenuti se od paganske duhovnosti do paganske ovozemaljskosti. Tajming je važan: jednom kada ste uskomešali mete vaše duše, brzo se prebacite na fizičko, čineći seksualnost samo ekstenzijom duhovnih vibracija koje iskušavate. Drugim rečima, iskoristite vašu duhovnu strategiju u trenutku koji je koliko je god moguće bliži smelom potezu koji planirate.

Spiritualnost nije ekskluzivno religijska ili okultna stvar. Ona je sve što treba dodati uzvišenom, bezvremenom kvalitetu vašeg zavođenja. U modernom svetu, kultura i umetnost su na neki način preuzeli funkciju religije. Postoje dva načina da koristite umetnost za zavođenje: najpre, stvorite je sami, u metinu čast. Poezija, koju su vas oni inspirisali da pišete, uvek će odraditi posao.

Određeni deo Pikasovog seksipila je poticao od toga što su se žene nadale da će ih učiniti besmrtnim na svojim platnima – jer *Ars longa, vita brevis* (Umetnost je duga, život je kratak), kao što su govorili u Rimu. Čak i ako je vaša ljubav samo prolazna maštarija, ovekovečivši je u umetničkom delu vi joj dajete zavodljivu iluziju večnosti. Drugi način na koji možete koristiti umetnost jeste taj da će oplemeniti vašu aferu, pruživši vašem zavođenju jednu uzvišenu notu.

Odvedite vašu metu u pozorište, operu, muzej, na mesta ispunjena istorijom i atmosferom. Na takvim mestima vaša duša može vibrirati na istim duhovnim talasnim dužinama. Naravno, trebalo bi da izbegnete umetnička dela koja su prizemna i vulgarna. Predstava, film ili knjiga mogu biti savremeni, čak i malo sirovi, dokle god sadrže plemenitu poruku i u vezi su sa nekim plemenitim ciljem. Čak i politički pokret može duhovno da uzdiže. Zapamtite da treba da krojite vaše duhovne draži prema vašoj meti. Ukoliko je meta prizemna i cinična, paganizam ili umetnost će biti produktivniji od okultne ili religiozne pobožnosti.

Duhovnost, ljubav prema Bogu, sublimirana je verzija seksualne ljubavi. Jezik religijskih mistika iz srednjeg veka pun je erotskih slika; kontemplacija o Bogu i uzvišenom može pružiti mentalni orgazam. Ne postoji zavodljivija mešavina od kombinacije duhovnog i seksualnog, visokog i niskog. Kada razgovarate o duhovnim stvarima, onda, pustite da vaš izgled i fizičko prisustvo nagoveste seksualnost istovremeno. Neka harmonija univerzuma i unija sa Bogom bude pomešana sa fizičkom harmonijom i unijom dvoje ljudi. Ukoliko možete da završnu partiju vašeg zavođenja učinite da izgleda kao duhovno iskustvo, vi ćete povećati fizičko zadovoljstvo i stvoriti zavođenje sa dubokim, dugotrajnim efektom.

Simbol: Zvezde na nebu. Vekovni objekti obožavanja, simboli uzvišenog i božanstvenog. Dok kontempliramo o njima, pažnja nam je momentalno odvučena od svakodnevnog i smrtnog. Osećamo se lagano. Uzdignite umove vaših meta do zvezda i oni neće primetiti šta se događa ovde na zemlji.

20
Kombinujte zadovoljstvo i bol

Najveća greška u zavođenju je biti previše fin. Na prvu loptu, možda, ljubaznost jeste šarmantna, ali veoma brzo postaje monotona; previše se trudite da udovoljite, i izgledate nesigurno. Umesto da prepravljujete vašu metu ljubaznošću, pokušajte da joj nanesete malo bola. Namamite ih fokusiranom pažnjom a onda promenite smer, čineći se najednom nezainteresovanim. Neka se osećaju nesigurno i kao da su nešto zgrešili. Čak pomenite i raskid, izloživši ih time praznini i boli koji će vam dati prostora za manevar – sada će ih zbližavanje, izvinjavanje, povratak na raniju ljubaznost učiniti slabim i baciće ih na kolena. Što su niže dubine koje stvarate, više će biti visine. Kako biste pojačali erotski naboj, stvorite uzbuđenje straha.

Ključ zavođenja

Što se više udovoljava generalno, to se manje udovoljava duboko.

STENDAL, *LJUBAV*

Skoro svi su manje ili više ljubazni. Rano naučimo da ne treba da govorimo ljudima ono što zaista mislimo o njima; smejemo se njihovim šalama, delujemo zainteresovano za njihove priče i probleme. To je jedini način da živimo sa njima. Na kraju ovo postaje navika; fini smo, čak i kada to nije zaista neophodno. Pokušavamo da udovoljimo drugim ljudima, da im ne stajemo na žulj, da izbegavamo neslaganja i konflikte.

Pa ipak, ljubaznost u zavođenju, iako u prvom trenutku može nekoga privući vama (zato što je umirujuće i prijatno), ubrzo gubi svoj efekat. Ako ste previše fini, to može odgurnuti vašu metu od vas. Erotsko osećanje zavisi od stvaranja tenzije. Bez tenzije, bez nervoze i neizvesnosti, ne može biti ni osećanja olakšanja, istinskog zadovoljstva i radosti. Vaš je zadatak da stvorite tu tenziju kod vaše mete, da stimulišete osećanje anksioznosti, tako da kulminacija zavođenja može da ima pravu težinu i intenzitet. Tako da treba da se oslobodite vaše loše navike da izbegavate konflikt, koja je u svakom slučaju neprirodna. Najčešće ste fini ne zbog vaše unutrašnje dobrote, negi iz straha da nekome nećete udovoljiti, dakle iz nesiugnorsti. Prevaziđite taj strah i odjednom ćete dobiti opcije – slobodu da stvarate bol, i da ga onda magično uklonite. Vaše moći zavođenja će se desetostruko uvećati.

Ljude će mnogo manje povrediti vaša dela koja će ih raniti, nego što možete da zamislite. U današnjem svetu, često smo gladni iskustva.

"Naravno", rekoh, "često sam vam govorio koliko me bol privlači na čudnovat način, i da ništa ne rasplamsava moju strast tako kao tiranija, okrutnost i iznad svega nevernost prelepe žene."

Lepold fon Saher-Mazoh, *Venera u krznu*

Mi žudimo za emocijom, čak i kada je negativna. Bol koji nanosite vašim metama, u tom slučaju, je okrepljujuć – čini da se osećaju življe. Imaju na šta da se žale, mogu da igraju žrtvu. Kao rezultat toga, jednom kada promene bol zadovoljstvom, biće spremni da vam oproste. Pobudite njihovu ljubomoru, učinite da se osećaju nesigurno, i potvrda koju kasnije budete dali njihovom egu time što ćete preferirati njih nad njihovim rivalima bez sumnje će ih očarati. Zapamtite: više treba da se plašite da ćete dosaditi vašim metama, od toga da li ćete ih potresti. Ranjavanje ljudi će ih privući vama više nego vaša ljubaznost.

Postoji nešto privlačno kod straha. On čini da vibrirate od senzacija, on pojačava vašu svesnost, intenzivno je erotski. Što više približite vašu metu osećanju da biste mogli da je napustite, to će ošamućenija i izgubljenija ona postajati.

Mnogi od nas imaju mazohističke porive bez da shvataju to. Potrebno je da nam neko nanese bol kako bi ove duboko potisnute želje izbile na površinu. Morate naučiti da prepoznate tipove skrivenih mazohista, jer svaki od njih uživa u drugačijoj vrsti bola. Na primer, postoje ljudi koji veruju da ne zaslužuju ništa dobro u životu i koji, nesposobni da se nose sa uspehom, konstantno sabotiraju sami sebe. Takvi samo-saboteri bolje rade kada imaju malo kazne; prekorite ih, neka budu svesni svojih manjkavosti. Oni osećaju da zaslužuju takvu kritiku i kada to dođe oni imaju osećanje olakšanja.

Drugi ljudi osećaju odgovornosti i obaveze modernog života kao ogromno breme, oni žude da ga prepuste nekome drugom. Ovi ljudi najčešće gledaju da nađu nekoga koga će obožavati – svrhu, religiju, gurua. Neka vas obožavaju. A onda tu postoje i oni koji bi da izigravaju mučenike. Prepoznaćete ih po uživanju sa kojim se žale, po osećanju da su pravedni i pogrešni; onda im dajte razloga da se žale.

Kao zavodnik, morate naći načina da umanjite otpor kod ljudi. Šarmerov pristup laskanjem i pažnjom može biti efikasan, naročito sa nesigurnim osobama, ali mogu proći meseci pre nego što to proradi, i takođe može da ima nusprodukte. Kako biste što brže dobili rezultate i kako biste slomili ljude koji su nepristupačni, često je bolje da zamenite ljubaznost okrutnošću. Time što ste okrutni stvarate unutrašnje tenzije – vaše mete će možda biti potrešene vama, ali one takođe postavljaju sebi i neka pitanja. Šta su učinile da steknu takvo nepoštovanje? Onda kada budete ljubazni oni osećaju olakšanje, ali i zabrinutost da u bilo kojem momentu mogu nekako da izazovu vaše nezadovoljstvo. Koristite ovu matricu kako biste ih držali u neizvenosti.

Na kraju, vaše zavođenje nikada ne bi trebalo da ide samo prema zadovoljstvu i harmoniji. Klimaks će doći prebrzo, i zadovoljstvo će biti preslabo. Ono što čini da intenzivno cenimo nešto jeste prethodna patnja. Susret sa smrću nas tera da zavolimo život; dugačko putovanje čini da povratak kući bude mnogo lepši. Vaš zadatak

Oderint, dum metuant *(Neka me mrze, sve dok me se plaše.), kao da jedino strah i mržnja idu jedno uz drugo, dok strah i ljubav nemaju ništa jedno s drugim, kao nije strah ono što čini ljubav zanimljivom. S kakvom ljubavlju prihvatamo prirodu? Zar ne postoji neka skrivena anksioznost i užas u tome, jer njena predivna harmonija proističe iz bezakonja i divlje konfuzije, njena sigurnost iz perfidnosti. Ali upravo ova tenzija je ono što najviše očarava.*
Isto je i sa ljubavlju, ako treba da bude interesantna.

SEREN KJERKEGOR, ZAVODNIKOV *DNEVNIK*

je da stvorite trenutke očaja, beznađa i teskobe, da stvorite veliku tenziju posle koje sledi veliko olakšanje. Ne brinite da ćete razljutiti ljude; bes je siguran znak da ste ih upecali. Vožnja na koju vodite vaše žrtve može biti vijugava, ali nikada dosadna. Po svaku cenu, neka vaša meta bude raznežena i na ivici.

Simbol: Bezdan. Na ivici litice, ljudi se često osećaju lakomisleno, i bojažljivo i zbunjeno. Na trenutak mogu zamisliti sebe kako padaju na lice. U isto vreme, delom se osećaju da su u iskušenju. Dovedite vaše mete ivici što je bliže moguće, onda ih vratite odatle. Nema uzbuđenja bez straha.

21
Dopustite im da padnu - Progonitelj je progonjen

Ako se vaše mete previše naviknu da budete agresor, sve manje će trošiti energiju, i tenzija će spasti. Morate da ih razbudite – da zamenite karte. Jednom kada budu bili pod vašim činima, odstupite malo unazad i oni će krenuti za vama. Počnite tako što ćete biti malo distancirani, neočekivano ne budite tu, dajte nagoveštaj da se dosađujete. Zakuvajte celu stvar time što ćete se činiti zainteresovanim za nekog drugog. Uskoro će hteti da vas poseduju fizički, i sve zadrške će biti kao rukom odnešene. Cilj je da vam padnu u ruke po svojoj sopstvenoj volji. Stvorite iluziju da je zavodnik zaveden.

Povlačim se i time je učim kako da bude pobedonosna dok me goni. Konstantno padam nazad, i kroz ovaj pokret unazad učim je kako da kroz mene spozna svu moć erotske ljubavi, njene turbulentne misli, njenu strast, šta je čežnja, i nada, i nestrpljivo iščekivanje.

Seren Kjerkegor, *Zavodnikov dnevnik*

Ključ zavođenja

Pošto su ljudi po prirodi jogunasti i tvrdoglavi, i skloni da sumnjaju u motive drugih ljudi, potpuno je prirodno da će u nekom trenutku tokom procesa zavođenja vaša meta da vam se opire. Zavođenje je dakle veoma retko lako i bez zastoja. Ali jednom kada vaše žrtve nadvladaju svoje sumnje, i počnu da vam se potčinjavaju, doći će do tačke u kojoj će se prepuštati. Ovo će možda izgledati kao da ih vi vodite, ali oni uživaju u tome. Isporučite im nekakav zadovoljavajući klimaks koji tako žudno očekuju, podleći će prirodnoj sklonosti da zavođenje dovedu do ubrzanog kraja, a vi ćete ispustiti priliku da upravljate tenzijom, kako bi afera bila što zagrejanija.

Ranije ste se već strateški povukli (pogledajte poglavlje 12), ali ovo je drugačije. Meta vam je sada naklonjena, a vaše povlačenje će dovesti do paničnih misli: kao da gubite interesovanje, nekako je to moja greška, možda nešto što sam učinio. Pre nego što pomisle da ih vi sami od sebe odbacujete, vaše mete će napraviti ovakvu interpretaciju, pošto je uzrok problema nešto što su oni učinili, oni imaju moć da vas pridobiju nazad time što će promeniti svoje ponašanje. Ukoliko ih jednostavno odbacujete, sa druge strane, oni neće imati nikakvu kontrolu.

Kada se budete povlačili, učinite to suptilno; vi im usađujete nespokoj. Vaša opuštenost ili distanca bi trebalo da se ukaže vašim metama kada su same, u obliku otrovne sumnje koja im polako puzi u um. Vaše suptilno povlačenje će učiniti da oni požele da vas poseduju, tako da će samovoljno nastaviti da idu u vaše naručje bez da ste ih gurkali. Ovo se razlikuje od strategije iz poglavlja 20, u kojem ste morali da nanesete teške rane, da stvorite patern bola i zadovoljstva. Tamo je cilj bio da učiniti žrtvu slabom i zavisnom od vas, ovde je cilj da je učinite aktivnom i agresivnom.

U nekom od narednih nivoa zavođenja, pustite vašu metu da oseti da je zainteresovana za drugu osobu – ovo je drugačiji oblika povlačenja. Kada je Napoleon Bonaparta prvi put upoznao mladu udovicu Žozefinu de Boarne 1795, uzbudila ga je njena egzotična lepota i pogledi koje mu je upućivala. Počeo je da odlazi na njena nedeljna soarea i na svoje oduševljenje, ona bi ignorisala druge muškarce i ostajala u njegovoj blizini, slušajući ga veoma pažljivo. Shvatio je da se zaljubljuje u Žozefinu, i imao je razloga da veruje da se i ona oseća tako.

Onda, tokom jednog soarea, ona je bila prijateljski nastrojena i predusretljiva, kao i obično – osim što je bila podjednako prijateljski raspoložena prema još jednom čoveku tamo, bivšem aristokrati, poput Žozefine, koji je bio čovek kakvom Napoleon nikada ne bi mogao da parira po manirima i duhovitosti. Sumnje i ljubomora su počeli da ga opsedaju. Kao vojnik, znao je vrednost ofanzivnog pristupa, i nakon nekoliko nedelja brze i agresivne kampanje, on ju je imao samo za sebe, u potpunosti, na kraju se i oženio njom. Naravno da je Žozefina, vešta zavodni-

Propusti, poricanja, prevare, diverzije i poniznost - sve usmereno na to da isprovocira ovo drugo stanje, tajnu pravog zavođenja. Vulgarno zavođenje može napredovati putem upornosti, ali pravo zavođenje napreduje putem odsustva... To je kao u mačevanju: potreban je prostor za lažan napad. Tokom ovog perioda, zavodnik (Johan), daleko od toga da želi da sve privede kraju, pokušava da održi svoju distancu različitim prevratima: on ne govori direktno sa njom nego samo sa njenom tetkom, a onda i o trivijalnim i glupim stvarima; on sve neutrališe ironijom i lažnom pedanterijom; on ne uspeva da odgovori na bilo kakav ženstven ili erotičan pokret sa njene strane, pa joj čak i nalazi ca, sve ovo smislila unapred. Ona nije rekla da je zainteresovana za drugog muškarca, ali samo njegovo prisustvo u njenoj kući, poneki pogled tu i tamo, suptilni gestovi, učinili su da izgleda kao da je tako. Ne postoji moćniji način da nagovestite da vas napušta požuda. Neka ne bude očigledno da vas je neko drugi zainteresovao, jer to bi moglo da ima negativne posledice. Ovo nije situacija u kojoj želite da izgledate okrutno; sumnja i anksioznost su efekti koje želite da postignete. Neka vaši mogući interesi za nekog drugu budu jedva vidljivi golom oku.

i udvarače koji kao da su iz nekog sitkoma, kako bi je razočarali i prevarili, do tačke u kojoj ona sama preuzima inicijativu i prekida svoju veridbu, kompletirajući na taj način zavođenje i stvarajući idealne okolnosti za njeno potpuno odustajanje.

Žan Bodrijar, Zavođenje

Jednom kada je neko pao na vas, fizičko odsustvo će stvoriti nelagodu. Vi bukvalno stvarate prostor. Vaše odsustvo u nekoj daljoj tački zavođenja bi trebalo da bude opravdano makar na neki način. Vi ne insinuirate da dižete ruke od nečega, nego blagu sumnju: možda ste mogli da nađete neki razlog da ostanete, možda gubite interesovanje, možda postoji neko drugi. U vašem odsustvu, to koliko vas cene će samo sve više rasti. Zaboraviće na vaše greške, oprostiće vam grehove. Čim se budete vratili, oni će vas juriti onako kako vi želite. To će biti kao da ste se vratili iz mrtvih.

Ponavljajte ovaj glavni patern vašeg zavođenja. Najpre, obasipajte vaše mete pažnjom. Oni neće biti sigurni odakle ona dolazi, ali to je predivno osećanje, i nikada neće hteti da ga izgube. Kada ono zaista nestane, u vašem strateškom koraku nazad, oni će osetiti trenutke sumnje i besa, možda će i baciti kletvu na vas, a onda imati neku detinjastu reakciju: jedini način da vas ponovo osvoje, da vas zasigurno zadrže, biće da obrnu taj patern, da vas imitiraju, da budu nežni, da budu ti koji pružaju; užas odbacivanja je taj koji menja stvari.

Ovaj patern će se najčešće ponavljati prirodno u bilo kojoj aferi ili vezi. Jedna osoba se ohladi, druga nastavi da je goni, onda se ona ohladi, što natera prvu osobu da postane progonilac, i tako dalje. Kao neko ko je zavodnik, ne smete ostavljati slučaju ovu činjenicu. Ostvarite je. Vi učite drugu osobu kako da postane zavodnik, kao što je majka na svoje sopstvene načine učila dete kako da uzvrati ljubav, tako što bi mu okrenula leđa. Za svoje dobro naučite kako da uživate u ovoj zameni uloga. Nemojte samo da glumite da ste progonjeni, uživajte u tome, prepustite mu se. Užitak koji vam pruža proganjanje od strane vaše žrtve može često da nadmaši uzbuđenje lova.

Simbol: Nar. Pažljivo uzgajan i negovan, nar počinje da sazreva. Nemojte ga ubirati prerano ili ga na silu čupati sa stabljike – biće tvrd i gorak. Neka voćka oteža i napuni se sokovima, onda samo stanite sa strane – pašće sama od sebe. Tada je njena srž najukusnija.

22
Koristite fizičke draži

Mete koje imaju aktivne umove su opasne: ako shvate vaše manipulacije, odjednom će razviti sumnje. Nežno im pustite umove da se odmaraju, i probudite njihova uspavana čula tako što ćete kombinovati njihov nedefanzivan stav sa prisustvom punim seksualne napetosti. Dok vaš hladan, nonšalantan pristup smiruje njihove umove i spušta njihove inhibicije, vaši pogledi, glas, način na koji se nosite – svime time im se uvlačite pod kožu, utičete na njihova čula i podižete im temperaturu. Nikada ne forsirajte fizičko; umesto toga inficirajte vaše mete vrelinom draži i navedite ih na požudu. Uvodite ih u taj trenutak – intenzivna sadašnjost u kojoj se moral, procene i brige za budućnost mogu istopiti dok se vaše telo prepušta zadovoljstvu.

Ključ zavođenja

Danas, više nego ikada, naši umovi su u stalnom stanju distrakcije, opterećeni beskrajnim informacijama, razvlačeni po svim pravcima. Mnogi od nas prepoznaju ovaj problem: pišu se članci o tome, studije se rade, ali sve to ostaje samo još gomila informacija koju treba svariti. Praktično je nemoguće isključiti previše aktivan mozak; taj pokušaj jednostavno aktivira još više misli – hodnik sa ogledalima koji se ne može izbeći. Možda se okrećemo alkoholu, drogama, fizičkoj aktivnosti – bilo čemu što će nam pomoći da usporimo naš um, da budemo prisutniji u ovom trenutku. Naše nezadovoljstvo predstavlja veštog zavodnika sa beskrajnim mogućnostima. Okruženi ste ljudima koji traže neku vrstu opuštanja od preterane mentalne stimulacije. Draž neutaživog fizičkog zadovoljstva će ih naterati da zagrizu vaš mamac, ali dok vi krstarite svojim vodama, shvatite: jedini način da relaksirate rastrojen um jeste da ga naterate da se fokusira na jednu stvar samo. Hipnotizer pita pacijenta da se fokusira na sat koji se klati napred-nazad. Jednom kada se pacijent fokusira, um se opušta, čula se pobuđuju, i telo postaje podložno raznim vrstama novih senzacija i predloga. Kao zavodnik, vi ste hipnotizer, i ono na šta terate metu da se fokusira ste vi.

Tokom procesa zavođenja punili ste glavu svojoj meti. Pisma, podsetnici, zajednička iskustva vas čine stalno prisutnim, čak i kada niste tamo. Sada, kako se prebacujete na fizički deo zavođenja, morate češće viđati vašu metu. Vaša

CELIE: Šta je trenutak i kako ga definišete? Jer moram vam reći, najiskrenije, da vas ne razumem.
VOJVODA: Određeni poredak čula neočekivan kao što je nevoljan, a koji žena zna kako da sakrije, ali koji bi je, ukoliko bude primećen od strane nekoga ko bi od njega mogao da profitira, stavio je u najveću opasnost od toga da bude malo voljnija, nego što je ikada zamišljala da bi trebalo da bude, ili da bi mogla da bude.

CREBILLION FILS, *LE HASARD AU COIN DE FEU*

pažnja mora postati intenzivnija. Kada je mozak fokusiran na jednu stvar on se relaksira, a kada se um relaksira, sve one male paranoične misli na koje smo navikli – da li ti se sviđam, da li sam inteligentan ili dovoljno lep, šta mi budućnost nosi – nestaju. Zapamti: sve počinje sa tobom. Budite fokusirani, prisutni, i meta će vas pratiti. Intenzivni pogled hipnotizera stvara sličnu reakciju.

Tokom zavođenja, vi ste se uzdržavali, kako biste zaintrigirali i isfrustrirali žrtvu. Tokom tog procesa ste se i vi isfrustrirali. Jednom kada osetite da je vaša meta pala na vas i da ne može da okrene leđa, neka one frustrirane želje teku kroz vašu krv i greju vas. Seksualna požuda je zarazna. Ona će vas uhvatiti pod svoje i zasijaće zauzvrat.

Zavodnik vodi svoju žrtvu do tačke u kojoj on ili ona otkrivaju nevoljne signale fizičke egzaltacije koja se može očitati u različitim simptomima. Jednom kada se ti signali primete, zavodnik mora da radi brzo, da vrši pritisak na metu da se izgubi u datom trenutku – prošlost, budućnost i moralne skrupule, sve to nestaje u vazduhu. Jednom kada se vaše žrtve izgube u datom trenutku, sve je to van njih, njihova savest više ne može da ih zadrži. Telo se predaje zadovoljstvu.

Zavođenje je poput ratovanja često igra distance i blizine. Najpre pratite svog neprijatelja sa distance. Jednom kada se žrtva zagrejala, brzo premošćavate distancu, prelazite na borbu prsa-u-prsa u kojoj ne dajete prostora neprijatelju da se povuče. Niti vremena da razmisle ili razmotre poziciju u koju ste ih stavili. Kako biste odstranili elemente straha iz ovoga, koristite laskanje, učinite da se meta oseća muževnijom ili ženstvenijom, hvalite njihove vrline. Njihova je krivica što ste postali toliko fizički i agresivni.

Bilo koja fizička aktivnost koju delite – plivanje, plesanje, jedrenje – uvek je odličan mamac. U takvim aktivnostima mozak se isključuje i telo operiše u skladu sa svojim zakonima. Meti će telo biti na vašem tragu, oponašaće vaše pokrete, koliko god daleko vi želite da idete.

U trenutku, sva moralna razmatranja blede, a telo se vraća u stanje nevinosti. Kada dođe vreme da vaše zavođenje postane fizičko, istrenirajte sebe da odbacite svoje inhibicije, vaše sumnje, vaša osećanja krivice i anksioznost. Pokažite lakoću duha – ništa vas ne opterećuje, ništa ne shvatate lično. Ne pričajte o poslu, obavezama, braku, prošlosti ili budućnosti. Mnogi drugi ljudi će raditi to. Ne brinite o tome šta će ljudi misliti o vama; ne sudite o vašim metama na bilo koji način. Vi ih uvlačite u svoju avanturu, oslobađate društvenih struktura i moralnih procena. Stoga se oslobodite vaše tendencije da moralizirate i sudite. Namamili ste vašu metu u trenutni svet užitaka – blag i predusretljiv, gde su svi tabui i pravila bačeni kroz prozor.

Simbol: Splav. Pluta na moru, prateći struju. Ubrzo obale nestaju, i vas dvoje ste sami. Voda vas poziva da zaboravite na sve brige i obzire, da joj se prepustite. Bez sidra ili pravca, odsečeni od obale, prepuštate se plutanju i polako gubite svu uzdržanost.

23
Usavršite umetnost smelih poteza

Stigao je taj trenutak: vaša žrtva vas očigledno želi, ali nije spremna da to prizna otvoreno, kamoli da dela po tom pitanju. To je vreme kada treba da odbacite viteštvo, dobrotu, koketeriju i da ih oduševite jednim semlim potezom. Ne dajte vremena žrtvi da razmišlja o posledicama; stvorite konflikt, uzburkajte tenzije, tako da smeo potez dođe kao ogromno olakšanje. Pokazati oklevanje ili čuđenje znači da mislite na sebe, a suprotno je da budte oduševljeni žrtvinim šarmom. Nikada se ne opuštajte i ne prilazite vašoj meti samo do pola, uvereni da ste korektni i uviđavni; sada morate biti zavodljivi, a ne politični. Jedno od vas dvoje mora preći u ofanzivu, a to ste vi.

Ključ zavođenja

Niko se ne rađa plašljiv; plašljivost je zaštita koju razvijamo. Ukoliko se nikad ne isprsimo, ukoliko nikad to ni ne pokušamo, nikad nećemo morati da snosimo posledice poraza ili pobede. Ukoliko smo fini i nenametljivi, nikoga nećemo uvrediti – umesto toga izgledaćemo kao sveci i bićemo voljeni. Zapravo, zaplašeni ljudi su često opsednuti sami sobom, opsednuti načinom na koji ih ljudi gledaju, i zapravo nisu toliki sveci. A poniznost možda ima svoje društvene koristi, ali ono je smrtonosno za zavođenje. Trebalo bi da budete sposobni da se povremeno igrate sveca; to je maska koju nosite. Ali u zavođenju, skinite je. Smelost učvršćuje, erotična je i apsolutno neophodna da dovede zavođenje do svog svršetka. Ukoliko se izvede pravilno, ona govori vašim metama da ste izgubili svoje uobičajene obzire, i daje im dozvolu da učine isto to. Ljudi žude za šansom da izbace iz sebe svoje potisnute strane ličnosti. U završnoj fazi zavođenja, smelost eliminiše bilo koju vrstu sumnje i začudnosti.

I u plesu, ne mogu dvoje ljudi da vode. Jedan preuzima, vodeći drugog. Zavođenje nije egalističko; to nije harmonična konvergencija. Ustručavati se zbog straha da se neko ne uvredi, ili misliti da je korektno podeliti moć, to je recept za katastrofu. Ovo je arena, ne za politiku već za zadovoljstvo. Ona može nastati između muškarca i žene, ali potreban je smeo potez. Ukoliko ste toliko zabrinuti za druge osobe, utešite se mišlju da je zadovoljstvo onoga koji se predaje često veće od onoga ko je agresor.

Što više stiljivosti ljubavnik pred nama pokaže, naš će ga ponos više odbadati; što više poštovanja bude pokazivao prema našem otporu, više ćemo poštovanja tražiti od njega. Radoćemo reći vama muškarcima: "Ah, za ime božije, ne pretpostavljajte da smo toliko moralne; terate nas da preterujemo u tome."

NINON DE LEKLO

Čovek bi trebalo da nastavi da uživa u bilo kojoj ženi koja mu pruža priliku za to i čija se ljubav manifestuje pred njim na sledeće načine: ona doziva muškarca bez da joj se on obratio; ukazujemu mu se na skrivenim mestima, obraća mu se drhteći i nerazumljivo; njeno lice cveta od užitka a njeni prsti na stopalima i rukama se znoje; a ponekad ona ostaje sa obe ruke na njegovom telu, kao da ju je nešto iznenadilo, ili kao da je spopala nesvestica. Pošto je žena pokazala muškarcu svoju ljubav otvorenim znacima, kao i pokretima njenog tela, čovek bi trebalo da iskoristi svaku priliku da je osvoji. Ne bi trebalo da bude nikakve neodlučnosti ili oklevanja: ukoliko se otvori prostor, čovek bi treba-

Obratite pažnju na povoljne okolnosti. Ovo će vam obezbediti prostora da improvizujete i iskoristite trenutak, što će pojačati impresiju koju želite da stvorite u vezi sa sobom a to je da ste stalno opsednuti željom. Ukoliko ikada osetite da žrtva očekuje smeo potez, odstupite, uljuljkajte ih u lažno osećanje sigurnosti, a onda napadnite.

Vaš smeo potez bi trebalo da ima u sebi nečega teatralnog. To će ga učinit nezaboravnim, a vašu agresivnost prijatnom, delom drame. Teatralnost dolazi od setinga – egzotične ili senzualne lokacije. Takođe može doći i od vaših akcija. Element straha – da vas neko može naći, recimo – može pojačati tenziju.

Održavajući vaše mete u stanju emotivnosti će ih istovremeno oslabiti i pojačati dramu trenutka. A najbolji način da ih održite u tom emotivnom stanju jeste da ih inficirate emocijama koje su slične vašim. Ljudi su veoma podložni raspoloženjima onih oko njih; ovo je naročito akutno u naprednijim oblicima zavođenja, kada je otpor slab a meta je potpala pod vaše čini. U trenutku smelog poteza, naučite kako da inficirate vašu metu kakvim god emotivnim raspoloženjem je potrebno, sve dok to ne podrazumeva opisivanje tog raspoloženja rečima. Uvek možete pristupiti nesvesnom vaše mete, što će se najbolje postići time što će se ona inficirati vašim emocijama, premošćavajući svoju svesnu sposobnost da se odupre.

Može se učiniti očiglednim od muškarca da preduzme smeo potez, ali istorija je prepuna uspešno smelih žena. Postoje dva glavna oblika ženstvene smelosti. U prvoj, tradicionalnijoj formi, koketna žena pobuđuje mušku požudu, potpuno je kontroliše, a onda u poslednjem trenutku, pošto dovede svoju žrtvu do ključanja, povuče se i pusti njega da napravi smeo potez. Ona to sve pripremi, signalizira pogledom, pokretima, da je spremna za njega. Kurtizane su koristile ovaj metod tokom istorije. Ovo je omogućavalo muškarcu da održi svoju iluziju maskulinosti, iako je žena zapravo agresor.

Drugi oblik ženske smelosti se ne bavi takvim iluzijama: žena jednostavno preuzima stvar u svoje ruke; inicira prvi poljubac, kidiše na svoju žrtvu. Nekim muškarcima to nije kastrirajuće, nego je veoma uzbudljivo. To sve zavisi od nesigurnosti i sklonosti žrtve. Ova vrsta ženske smelosti ima svoje draži zato što je mnogo ređa od prve vrste, ali na kraju krajeva bilo koja smelost je retka.

lo da ga iskoristi. Ženi, zaista, čovek postaje odvratan ukoliko je zaplašane svojim šansama i odbacuje ih. Smelost je pravilo, jer sve je u igri, a ništa se ne može izgubiti.

HINDUISTIČKA UMETNOST LJUBAVI

Simbol: Letnja oluja. Vreli dani se smenjuju, i ne vidi im se kraj. Zemlja je ispucala i suva. Onda se vazduh primiri, gust i opresivan – zatišje pred oluju. Odjednom, dođe udar vetra, blesak munje, uzbuđujuć i zastrašujuć. Ne dopuštajući da se nađe vreme da se odreaguje ili otrči u zaklon, dolazi kiša, i sa sobom donosi osećanje olakšanja. Napokon.

24
Čuvajte se posledica

Nakon uspešnog zavođenja, dolazi opasnost. Pošto su emocije dostigle vrhunac, često ljudi krenu u suprotnom pravcu – prema bezvoljnosti, nepoverenju, razočaranju. Čuvajte se dugačkih, razvučenih opraštanja; nesigurna, žrtva će se uhvatiti svom snagom, i obe strane će patiti. Ukoliko vi treba da se oprostite, učinite tu žrtvu brzom i iznenadnom. Ukoliko je neophodno, namerno razbijte čaroliju koju ste stvorili. Ukoliko treba da ostanete u vezi, čuvajte se klonulosti, čudne familijarnosti koja će vam uništiti fantaziju. Ukoliko treba da se nastavi igra, tu se zahteva drugo zavođenje. Nikada ne dopustite drugoj osobi da vas uzima zdravo za gotovo – iskoristite odsutnost, stvorite bol i konflikt, kako biste zadržali zavođenog na uzici.

Razočaranje

Zavođenje je kao neka magija, čarolija. Kada zavodite niste baš najprisebniji; igrate više od jedne uloge, strateški prikrivate vaše tikove i nesigurnosti. Namerno ste stvorili misteriju i napetost kako biste učinili da žrtva oseti na koži dramu u pravom životu. Pod vašom magijom, zavedeni može da oseti kako je prebačen negde drugde iz sveta rada i odgovornosti.

Nastavićete sa ovim koliko god želite i možete, povećavajući tenziju, uzburkavajući emocije, dok najzad ne dođe vreme da završite zavođenje. Posle toga, razočaranje skoro neizbežno sledi. Otpuštanje tenzije prati izneveravanje – u uzbuđenje, u energiju – koja može čak da se materijalizuje kao neka vrsta nepodnošljivosti prema vašoj žrtvi, iako je ono što se događa zapravo prirodni emotivni kurs. To je kao da se neka droga istrošila, dopuštajući vašoj meti da vidi ko ste zaista. Iz vašeg ugla, i vi ste verovatno imali običaj da idealizujete nekako vaše mete, i jednom kada vaše želje budu zadovoljene moći ćete da ih vidite kao slabe. (Najzad, prepustile su vam se.) I vi se možete osetiti razočarano. Čak i u najboljim okolnostima, sada se bavite stvarnošću više nego fantazijom, i plam će polako zgasnuti – ukoliko ne započnete drugo zavođenje.

Možete pomislite da ukoliko žrtvu treba žrtvovati, ništa od ovoga nije važno. Ali ponekad će napor da se prekine neka veza nenamerno oživeti iskru u drugoj osobi, i zbog nje će se oni grčevito i dalje držati vas.

Drugim rečima, žalite ženu koja je previše monotonog temperamenta; njena monotonija je odvratna. Ona je stalno u istom stanju, i sa njom je muškarac uvek u pravu. Ona je toliko dobar, nežna, da ona oduzima ludima privilegiju da se svađaju sa njom, a to je često takvo uživanje! Stavite na njeno mesto živahnu ženu, kapricioznu, odlučnu, do izvesne mere, i stvari će izgledati potpuno drugačije. Ljubavnik će jednoj osobi naći zadovoljstvo raznolikosti. Temperament je so, kvalitet koji sprečava propadanje. Nespokoj, ljubomora, svađe, ponovo sklapanje prijateljstva, pakosti, svime time se ljubav hrani. Uniformnost ubija ljubav.

NINON DE LENKLOS

Muškarci preziru žene koje vole previše i nepromišljeno.

Lukijan, *Dijalozi kurtizana*

Usavršite sledeće taktike kako biste izbegli nepoželjne posledice.

Borite se protiv inertnosti. Utisak da se manje trudite često je dovoljan da razočara vaše žrtve. Prisećajući se onoga što ste radili tokom zavođenja, misliće da ste manipulativni: hteli ste nešto tada, pa ste radili na tome, ali sada ih uzimate zdravo za gotovo. Pošto je prvo zavođenje gotovo, pokažite da nije zapravo zaista završeno – da želite i dalje da se dokazujete, fokusiravši svoju pažnju na njih, dražeći ih.

Često najbolji način da ih držite očaranim jeste da unesete povremenu dramu. Ovo može biti bolno – otvaranje novih rana, izazivanje ljubomore, blago povlačenje. Sa druge strane to može biti i prijatno: razmišljate o tome kako da se iznova dokazujete, obraćajući pažnju na male detalje, stvarajući izazove. U stvari, trebalo bi da izmešate ova dva aspekta, jer previše bola ili zadovoljstva neće biti zavodljivo dovoljno. Vi ne treba da ponavljate prvo zavođenje, jer se meta već predala. Vi jednostavno primenjujete male trzajeve, male pozive na razbuđivanje koji će pokazati da niste prestali da se trudite i da ne mogu da vas uzimaju zdravo za gotovo. Malo drmusanja će pobuditi stare otrove, privremeno vas vratiti na početak, kada je vaša umešanost imala najprijatniju svežinu i tenziju. Nikada se nemojte oslanjati na vaše fizičke čari; čak i lepota izgubi svoju privlačnost ako se previše izlaže. Samo će strategija i napor odagnati inertnost.

Očuvajte misteriju. Bliskost je smrt zavođenja. Ako meta zna sve o vama, veza će stići do nivoa udobnosti, ali će izgubiti sve elemente fantazije i anksioznosti. Bez anksioznosti i daška straha, erotska tenzija će se razvejati. Zapamtite: stvarnost nije zavodljiva. Sačuvajte neke mračne delove vašeg karaktera, prkosite očekivanjima, koristite svoje odsustvo kako biste fragmentisali odanost, posesivno svojatanje koje dopušta poznatosti da se uvuče.

Osetivši da je magija gotova, neke mete će se okrenuti drugom čoveku ili ženi, čija nepoznatost se čini uzbudljivom i poetičnom. Nemojte igrati njihovu igru time što ćete se stalno žaliti i postati samo-sažaljivi. To će samo produbiti njihovu prirodnu razočaranost jednom kada zavođenje bude gotovo. Umesto toga, neka uvide da vi niste osoba kojom su vas smatrali. Neka bude očaravajuća igra u kojoj ćete igrati nove uloge, iznenaditi ih, biti neprekidni izvor zabave. Odigrajte delove vaše uloge koje oni smatraju sjajnim, ali nikad ne dopustite da osete da vas previše poznaju.

Ostanite lagani. Zavođenje je igra, a ne pitanje života i smrti. Postoji tendencija da ćete u "post" fazi uzimati stvari za mnogo ozbiljnije i mnogo ličnije, i da ćete se žaliti na ponašenje koje vas ne zadovoljava. Borite se protiv ovoga koliko god je moguće, jer će ovo stvoriti upravo efekat koji ne želite. Ne možete kontrolisati drugu osobu time što ćete zvocati i žaliti se; to će ih učiniti defanzivnim, pogoršaće problem. Imaćete višak kontrole ukoliko zadržite odgovarajući duh. Vaša razigranost, mala lukavstva koja koristite da im udovoljite i da ih oduševite, vaše opraštanje njihovih grešaka učiniće da vaše žrtve budu popustljive i lake za baratanje. Nikad ne pokušavajte da promenite svoje žrtve; umesto toga, naterajte ih da vas prate.

Izbegnite polako izgaranje. Jako često, osoba se razočara, ali joj manjka hrabrosti da napravi prekid. Umesto toga, ona se povuče u sebe. Budući da je to neko odsustvo, ovaj psihološki korak unazad može nenamerno upali požudu drugih ljudi, i počinje jedan frustrirajući ciklus početaka potrage i povlačenja. Sve se otkriva, polako. Jednom kada se osetite razočaranim i znate da je gotovo, završite to brzo, bez izvinjavanja. To će samo vređati drugu osobu. Brz razlaz je često bolji za prevazilaženje – to je kao da ste imali problem da budete verni, u suprotnosti sa osećanjem da je onaj koga zavodite postao nepoželjan za vas. Ne samo što dugačko razvlačenje smrti jedne veze izaziva kod vašeg partnera nepotreban bol, već će imati dugoročne posledice i po vas, čineći vam snebivljivijim, i optrećivaće vas osećanjem krivice. Nikad se nemojte osećati krivim, čak i kada ste bili i zavodnik i onaj koji se oseća razočarano. To nije vaša krivica. Ništa nije zauvek izgubljeno. Stvorili ste zadovoljstvo u vašim žrtvama, izbacivši ih iz njihove rutine. Na duge staze, zapravo će vam biti zahvalni.

Što se više izvinjavate, više ćete uvrediti njihov ponos, uzburkati u njima negativna osećanja koja će među vama odjekivati godinama. Poštedite ih neiskrenih objašnjenja koja mogu samo da zakomplikuju stvari. Žrtvu treba žrtvovati, a ne mučiti.

Ukoliko je razlaz sa žrtvom previše težak ili prljav (ili vam fali živaca), onda učinite sledeću najbolju stvar: namerno razvejte čini koje vežu njega ili nju za vas. Bes ili povučenost neće samo uzburkati nesigurnosti drugih ljudi. Umesto toga, pokušajte da ih ugušite ljubavlju i pažnjom: budite prijemčivi i posesivni. Nema više misterije, nema više izazova, nema više povlačenja – samo beskrajna ljubav. Niko ne može da izdrži takvu pretnju. Posle nekoliko nedelja svako će nestati iz vašeg života.

Ponovno zavođenje

Jednom kada ste zaveli neku osobu, skoro uvek postoji zatišje, blago spuštanje, koje ponekad dovodi do rastavljanja; pa ipak, iznenađujuće je jednostavno zavesti ponovo neku metu. Stara osećanja nikada ne odlaze, ona počivaju tu u potaji, i za tili čas možete opet osvojiti svoju metu na prepad. Retko je zadovoljstvo biti sposoban za oživljavanje prošlosti, nečiju mladost – osetiti stare emocije. Dodajte nešto dramatično u vašem zavođenju: oživite stare slike, simbole, izraze koji će pobuditi uspomene. Vaša meta će zaboraviti sve ono ružno u vezi sa razdvajanjem i zapamtiće samo dobre stvari. Trebalo bi da ovo drugo zavođenje bude brzo i smelo, ne dajući vreme vašim metama da razmišljaju ili da se začude.

Ukoliko želite da ponovo zavedete nekoga, izaberite one koji vas ne poznaju dovoljno dobro, kojima su uspomene na vas čistije, koji su manje sumnjičavi po prirodi, i koji su nezadovoljni sadašnjim okolnostima. Takođe, možda biste hteli da pustite da prođe neko vreme. Nikada na razlaz ili žrtvovanje nemojte gledati kao na nešto što je finalno. Uz malo drame i planiranja, žrtvu možete ponovo osvojiti za tili čas.

Simbol: Ugarci, ostaci vatre sutradan ujutru. Ako ih ostavite tako, polako će umreti. Ne prepuštajte vatru slučaju i prirodnim elementima. Ako ćete je ugasiti, ugušiti, utoliti, ne dajte joj ništa čime bi mogla da se hrani. Kako bi se vratila u život raspirujte je, raspaljujte, dok ne zasija novim plamenom. Samo će je vaša konstantna pažnja i opreznost sprečiti da se ugasi.

CIP - Каталогизација у публикацији
Народна библиотека Србије, Београд

159.922.1(035)
177.61(035)

ГРИН, Роберт, 1959-
Umetnost zavođenja / Robert Grin ; [prevod Konstantin Popović].
- Beograd : Kontrast izdavaštvo, 2017 (Beograd : Kontrast štampa). -
180 str. ; 20 cm

Prevod dela:The Art of Seduction / Robert Greene. - Tiraž 500. -
Napomene uz tekst.

ISBN 978-86-89203-70-7

a) Међуполни односи - Приручници b) Љубав - Приручници
COBISS.SR-ID 254047756